Tudo isso é feminismo?
Uma visão sobre histórias, lutas e mulheres

Fernanda Melchionna

TUDO ISSO É FEMINISMO?

Uma visão sobre histórias, lutas e mulheres

2023 © FERNANDA MELCHIONNA
2023 © EDITORA DE CULTURA
ISBN 978-65-5748-052-6

Todos os direitos desta edição reservados

EDITORA DE CULTURA LTDA.
Rua Baceúnas, 180
03127-060 – São Paulo – SP – Brasil
Fone: (11) 2894-5100
atendimento@editoradecultura.com.br
www.editoradecultura.com.br

*Partes deste livro poderão ser reproduzidas,
desde que obtida prévia autorização escrita
da Editora e nos limites da Lei nº 9.610/98,
de proteção aos direitos de autor.*

Primeira edição: outubro de 2023
Impressão: 5ª   4ª   3ª   2ª
Ano: 27   26   25

CIP-BRASIL. CATALOGAÇÃO NA PUBLICAÇÃO
SINDICATO NACIONAL DOS EDITORES DE LIVROS, RJ

M465t

   Melchionna, Fernanda, 1984-

     Tudo isso é feminismo? : histórias, lutas e mulheres / Fernanda Melchionna ; [coordenação Diego Pautasso, Caio Riter]. - 1. ed. - São Paulo : Cultura, 2023.

   216 p. ; 18 cm.

   ISBN 978-65-5748-052-6

   1. Feminismo. 2. Mulheres - Atividades políticas. 3. Movimentos sociais. I. Pautasso, Diego. II. Riter, Caio. III. Título.

23-86470   CDD: 305.42

                   CDU: 141.72

Gabriela Faray Ferreira Lopes – CRB-7/6643

Sumário

	Primeiras palavras	7
1.	Notas sobre patriarcado	17
2.	Vozes femininas	45
3.	A *Querelle des Femmes*	50
4.	Mulheres e revoluções	55
5.	Ondas e feminismos	63
	A primeira onda	65
	A segunda onda	102
	A terceira onda	123
	Quarta onda: *Tsunami* do agora	157
6.	Afinal, que feminismo defendemos?	180
	Palavras finais	191
	Saber mais	201
	Sobre a autora	212

Primeiras palavras

Em 2019, a escola de samba Estação Primeira de Mangueira fez um samba enredo histórico no Carnaval do Rio de Janeiro. Com o refrão "Brasil, chegou a vez de ouvir as Marias, Mahins, Marielles, malês", propôs-se a trazer para a luz personalidades e episódios apagados da história do Brasil, mas tão importantes nas mudanças que tivemos ao longo dos séculos. O espírito deste livro é sobre isso: uma exposição na perspectiva das mulheres.

Neste momento, estou deputada federal, eleita pelo PSOL do Rio Grande do Sul como a mulher mais votada do nosso estado – para meu orgulho e desafio. Como vocês devem saber, sou uma mulher cis, branca, heterossexual e marxista. Militante do Movimento de Esquerda Socialista. Comecei a militar muito jovem, com 14 anos de idade, no auge da implementação do neoliberalismo no Brasil, quando Fernando Henrique Cardoso foi reeleito para seu segundo mandato. Mas foi meu ingresso na Universidade Federal do Rio Grande do Sul (UFRGS) que me permitiu uma atuação mais orgânica e mais cotidiana na política.

Começo me descrevendo para que os leitores tenham uma perspectiva de onde falo e das inquietações que também geraram este livro. Quando fui convidada a escrever um texto para a Coleção Inquietações Contemporâneas, tive sérias dúvidas. Minha melhor especialidade é entregar a alma ao combate, envolver-me intensamente com as lutas, vocalizar as demandas populares, mas nunca me vi como escritora. Como bibliotecária, sempre gostei de contar histórias, em especial para crianças; porém, quando damos uma palestra, não deixa de ser uma história com nossa perspectiva. Em conversas privadas com a amiga e escritora Joanna Burigo, penso este livro como uma narrativa que busca desnaturalizar o apagamento das mulheres da História, de suas várias lutas e dos desafios enfrentados em tempos passados. E, como seu objetivo, ajudar a pensar as lutas do presente e, tomara, conquistar novos futuros.

Mais do que uma história universal de um movimento, na verdade, é uma porção de movimentos plurais –, com diversidade de bandeiras levantadas em tempos diferentes por mulheres mundo afora. Então, penso em dividir uma perspectiva, colocar no espaço público histórias que não nos são contadas, dar dicas de autoras e de personalidades que nos ajudaram a teorizar sobre o feminismo e fazer um convite à ação nas lutas do nosso tempo.

Como história que é, quero começar com uma: a minha. Há muitos anos, tenho sido convidada para debater gênero, feminismo e a luta das mulheres em escolas, universidades e para participar de palestras. Em um primeiro momento, antes da nova explosão de lutas das mulheres, nós mesmas inventávamos debates e atividades sobre o tema, como foi o iné-dito Encontro de Mulheres da UFRGS em 2007. Ao fazer esse esforço com minhas companheiras, fomos aprendendo, descobrindo a história das mulheres que a história oficial não conta, atualizando as refe-rências, conhecendo outras vertentes, os encontros e os desencontros do feminismo com a minha pers-pectiva classista, aprendendo com outras correntes de pensamento.

Foram esforços em grupos de mulheres mili-tantes para tocar o cotidiano da mulher e inserir o debate de gênero num tempo (que ainda está bem próximo) em que era comum ouvir que "em briga de marido e mulher, ninguém mete a colher", dando quase carta branca para a violência doméstica que vitimiza tantas mulheres no Brasil. Um tempo em que o debate sobre a cultura do estupro era quase inexistente e a propaganda sexista tão grande que o incomum era encontrar alguma propaganda de cerveja na TV em que o homem não "ganhasse" uma mulher junto com a bebida. Essas eram algumas das pérolas diárias.

Nesse tempo, em que falar de feminismo era meio pregar no deserto, comecei a militar. Em um 8 de março, tínhamos reunido cerca de 30 mulheres e achamos o máximo ter mãos feministas para panfletar que o nosso Dia Internacional de Luta não era só sobre ganhar flores e bombons (que todo mundo gosta), mas sobre prosseguir na luta das que vieram antes de nós para conquistar espaços dentro de uma sociedade que está longe da igualdade.

Até nos círculos militantes, as mulheres diziam, às vezes, que não iam participar dos nossos grupos (que reuniam oito, dez mulheres), porque havia "desinteresse".

Mas, depois de 2013, sem desconsiderar nossos esforços de militantes do movimento estudantil e político para manter viva a luta contra o machismo e o patriarcado, as coisas começaram a mudar no país.

O que antes se reduzia a debates promovidos com muito esforço por nós mesmas transformou-se radicalmente. Passei a ser convidada muitas vezes para debates desse tipo. Se antes reuníamos algumas dezenas de pessoas interessadas, nesta nova etapa, passamos a debater com auditórios lotados de mulheres e de homens.

Um desses eventos, realizado em uma universidade, depois de uma hora de palestra sobre a desigualdade de gênero – tão presente na política, no mercado de trabalho, na divisão sexual do trabalho –, acompanhada de dados e exemplos, foi apresentada uma digressão histórica. Eu sempre faço isso, para reivindicar o papel das lutas das mulheres nos avanços conquistados, sobretudo no século XX. Então, a palestrante abriu espaço para perguntas. O primeiro a se inscrever foi um homem (como isso é comum ainda atualmente), que disparou: "Por que o feminismo é contra os homens?". Após um primeiro sentimento de frustração, pensei: ou sou péssima professora ou esse menino não entendeu nada.

Depois desse episódio, comecei a refletir sobre essa pergunta, que aparecia de forma recorrente em palestras e eventos. "Nem todo homem", mas sempre um homem, com aquele claro sentido de tratar o feminismo como o contrário do machismo, ou seja, invertendo os papéis de gênero, o que foi construído ao longo de milênios pelo patriarcado.

É evidente que o feminismo não é o contrário do machismo, pois estamos falando de uma estrutura de dominação política, social e cultural que foi se assentando ao longo de séculos de dominação das mulheres, controlando a sua sexualidade e a reprodução social da vida, e delegando papéis inferiorizados a nós, que somos metade da humanidade. Mesmo hoje, com tantas lutas e avanços da consciência e da organização das próprias mulheres, essa dominação ainda é sentida, mantida e reproduzida com novas narrativas, sustentando a mesma premissa de divisão sexual do trabalho, que tanto prejuízo traz para as mulheres e para a humanidade.

O primeiro passo para um grupo oprimido tomar consciência é se enxergar como tal, estudar as perspectivas e as narrativas que o trouxeram até o estado atual e conceber e propor um sistema diferente de organização social pelo qual lutar. O feminismo é essa síntese. Embora existam vários feminismos, ou seja, olhares distintos que apontam para o construir de uma nova ordem social, como veremos adiante, nem todos partem da premissa da opressão secular imposta às mulheres.

Hoje, já desenvolvi uma resposta rápida para a reiterada pergunta sobre o "ódio aos homens": Nós não lutamos para que os homens recebam 20 por cento a menos que as mulheres para as mesmas funções; tampouco para que os homens sejam violentados, agredidos e assassinados por mulheres, ex-companheiras que consideram que a vida desse homem não vale nada se ele não for propriedade da violentadora; nem reivindicamos que a responsabilidade pela criação dos filhos seja considerada um papel exclusivamente masculino. Estamos lutando por igualdade!

Esse exemplo simples demonstra que o feminismo é a negação do machismo, é a busca por romper e revolucionar o sistema político e social do patriarcado e suas expressões na vida cotidiana, como o machismo e a misoginia. É uma resposta necessária para fornecer às mulheres instrumentos voltados ao enfrentamento do senso comum e à conquista de mais aliados homens para nossa luta.

Muito tempo depois, refleti se essa pergunta recorrente, que se combina com o aumento de audiência para debater o feminismo, não é já uma expressão tímida da reação conservadora, expressa por uma camada que não só não quer superar a desigualdade de gênero como ambiciona fazer retrocederem os avanços dos últimos anos. Ou seja, ao mesmo tempo que vivemos um ascenso das lutas das mulheres no Brasil e no mundo nos últimos anos, uma reação conservadora também surge. Reúne os mais retrógrados argumentos sobre o nosso "papel" social, e mira nas conquistas dos vários momentos históricos de lutas para buscar revertê-los.

Outro dia, assisti ao vídeo de um deputado da extrema-direita dizendo que o feminismo era "a pior coisa" que tinha acontecido, que havia "ensinado" as mulheres a focar na carreira mais do que na família... Nesse caso, nem vale o debate paciente de desnaturalização dos papéis e de como existe uma dívida histórica em relação a mais da metade da humanidade. Metade invisibilizada e destinada, durante séculos, a apenas reproduzir a espécie, cuidar dos filhos e da casa para que os homens seguissem suas carreiras. O discurso desse deputado é a expressão da reação conservadora, que quer nos jogar de novo para as tarefas domésticas, tomadas como função compulsória. Mais que um discurso isolado, é uma tentativa sistemática e deliberada das forças reacionárias que enfrentamos no tempo presente.

Se a pergunta do menino na palestra não era uma ação deliberada dos que não se contentam com nossos avanços (como a do deputado no vídeo), poderia ser ainda parte de estigmas que percorreram os movimentos de mulheres: as que queimam sutiã (uma das maiores *fake news* da história), as feias e mal-amadas, as promíscuas e toda sorte de preconceitos e caricaturas usados ao longo de anos contra as mulheres livres.

Apesar das minhas dúvidas na condição de palestrante, isso é insignificante perto do desafio de fortalecer um movimento no curso dele mesmo, de identificar a força e a latência do movimento no último período e, ainda, ajudar a reconstituir e recuperar nossa história de luta, para que possamos estar mais preparadas no presente. Por isso, quando fui convidada para ser parte desta coleção, pensei que, mesmo não sendo uma escritora e mantendo minhas inquietações teóricas, a melhor contribuição que eu posso dar é ajudar a desvendar uma história de lutas e de apagamentos dessas lutas e dar pistas de leitura e de aprofundamento.

Agradeço de coração aos que ajudaram na elaboração: a leitura e os aportes de Camila Goulart e Giulia Tadini. As trocas permanentes com Carla Zanella, Joanna Burigo, Nina Becker. As fontes sugeridas e todas as contribuições de redação de Hugo Scotte. As longas conversas sobre o texto, a colaboração de Bernardo Alves Correa na elaboração das notas explicativas e a de Louise Pierosan na lista de filmes. Ao Caio Riter pelo convite, pelas sugestões de redação e pela parceria. À Mirian Paglia Costa pelos aportes de conteúdo e contribuições incríveis. Aos companheiros de PSOL e de mandato e a minha família, que entendeu as ausências pelo tempo que dediquei ao projeto. Ao meu amor, Orlando Silva, pelo apoio permanente, pelas conversas de madrugada sobre as questões aqui abordadas e pela leitura atenta do meu texto.

Longe de um texto acabado, este livro é um convite ao estudo e à ação.

1
Notas sobre patriarcado

Às vezes, é difícil imaginar como era a vida das mulheres há muito tempo. Muitas conquistas antigas e outras mais recentes já foram incorporadas na nossa forma de viver, de pensar e de sentir o mundo.

Imagine se, desde o nascimento, você fosse considerada propriedade de um homem, seu pai, para ser negociada em casamentos arranjados já desde a infância ou a adolescência, para virar depois propriedade de outro homem: seu marido. Imagine se não pudesse ter direito a herança e nada fosse seu. Estudar estaria fora de questão, com alguma benevolência e uma família mais ou menos esclarecida, talvez recebesse a instrução necessária para ler e escrever.

A maior preocupação familiar e social seria educar você para cozinhar, costurar, limpar a casa e estar sempre disponível para os filhos e para o marido. Estar sempre "bonita" e disposta a dar prazer ao seu marido. Sim, sua sexualidade estaria à disposição da vontade do "seu dono", e seus direitos reprodutivos, submetidos à necessidade de dar herdeiros, de preferência homens, para continuar reproduzindo a instituição da família. Isso se você fizesse parte das classes dominantes.

Mas e se fosse camponesa, uma serva na Idade Média? Além de trabalhar no campo, cuidar da casa e criar os filhos, deveria, quando jovem, estar disponível para o senhor feudal, que dispunha do "direito de pernada", ou direito da primeira noite: o "privilégio" do senhor feudal de passar a primeira noite de núpcias com a esposa de um dos seus vassalos. Esse abuso sexual do poderoso era estabelecido e aceito pela sociedade da época.

E se fosse trabalhadora, operária no capitalismo? Seu salário sempre seria menor do que o dos homens pelas mesmas tarefas. Não teria nenhum direito, nem licença-maternidade, nem creche para deixar seus filhos durante a longa jornada de trabalho e teria que sofrer constantemente o assédio moral e sexual no local de trabalho e no bairro.

Se você assistiu à minissérie *Bridgerton*, inspirada no livro de Julia Quinn, que mostra a vida da nobreza na Inglaterra do século XIX, viu mulheres sendo formadas para o casamento como vocação única de vida. A personagem principal, a rebelde, que não quer se casar, é a dor de cabeça da família. Na série, os talentos sociais das mulheres são habilidades como costurar, tocar piano, saber dançar, sorrir meigamente, além de ter o corpo comprimido pelo espartilho, esse instrumento de tortura cotidiano. A série, com certa ironia, retrata os costumes da nobreza dessa época, que giram ao redor da família patriarcal. Até o fato de o duque não querer casar é um escândalo. Como assim, um homem nobre que não pretende ter um herdeiro?

Mas imagine ser ama de leite, lavadeira, cozinheira... Ou seja, além de sofrer a opressão de gênero, ainda suportar a exploração de classe. Para as mulheres negras, no mesmo período, a exploração e a opressão eram cruéis, fazendo delas vítimas das barbáries da escravização, do roubo da liberdade, dos filhos arrancados e de toda a forma de torturas e de violências. Cada sociedade tem nos seus costumes as marcas da sua época. Este capítulo abordará elaborações sobre a formação do sistema de opressão chamado patriarcado.

> "O período de 'formação do patriarcado' não ocorreu 'subitamente', mas foi um processo que se desenrolou ao longo de quase 2.500 anos, de cerca de 3100 a 600 a.C. E, mesmo nas várias sociedades do antigo Oriente Próximo, ocorreu a um ritmo diferente e numa época diferente". (Gerda Lerner, *A criação do patriarcado*)

A consolidação do patriarcado como modo dominante na sociedade de classes se deu em um processo desigual e combinado. E a questão da sua origem e consolidação faz parte de um debate ontológico. Mas, embora haja divergências sobre como e quando nasceu o patriarcado, é consenso que a história das mulheres foi negligenciada por séculos. E que a opressão é milenar.

Junto com a chamada civilização surge o Estado nas sociedades hegemônicas ocidentais, a instituição que permite impor o domínio da classe ou das classes dominantes sobre o conjunto da sociedade.

Desde tempos imemoriais, desde a Antiguidade até praticamente o fim da Idade Média, com raras exceções, a escrita foi exercida pelos homens, em todos os âmbitos, desde os registros burocráticos até a literatura e, muito especialmente, nos campos da religião e da história. Grande parte da história universal foi contada pelos beneficiados pelo patriarcado:

homens a serviço das classes dominantes. Sendo assim, os materiais escritos já nascem sob o domínio masculino dos sistemas de registros do patriarcado pré-existente como estrutura socialmente aceita, aliás, naturalizada pelos povos.

Embora hoje saibamos que algumas mulheres escreveram, que algumas tentaram mudar a realidade, eram vozes quase isoladas, surgindo às vezes com séculos de diferença entre umas e outras.

Afinal, desde que os sumérios inventaram a escrita cuneiforme (em torno de 3500 a.C.), existe uma lógica de poder patriarcal estabelecida sobre as mulheres. E, como os homens comandavam o poder político, econômico, social e cultural, também controlavam o sistema de escrita e de transmissão do conhecimento.

Por muitos anos, a abordagem tradicional sobre a condição das mulheres tratava de naturalizar essa desigualdade entre homens e mulheres, recorrendo a "causas biológicas" para defender uma suposta fragilidade e, portanto, inferioridade das mulheres, que as relegaram às atividades domésticas enquanto os homens ocupavam o espaço público.

> "O desmoronamento do direito materno foi a grande derrota histórica do sexo feminino em todo

o mundo. O homem apoderou-se também da direção da casa; a mulher viu-se degradada, convertida em servidora, em escrava da luxúria do homem, em simples instrumento de reprodução. Essa baixa condição da mulher, manifestada sobretudo entre os gregos dos tempos heroicos e, ainda mais, nos tempos clássicos, tem sido gradualmente retocada, dissimulada e, em certos lugares, até revestida de formas de maior suavidade, mas de maneira alguma suprimida." (Gerda Lerner, *A criação do patriarcado*)

O primeiro efeito do poder exclusivo dos homens, desde o momento em que se instaurou, observamo-lo na forma intermédia da família patriarcal, que surgiu naquela ocasião." (Friedrich Engels, *A origem da família, da propriedade e do Estado*)

Engels publicou o trabalho da citação acima em 1884, tendo como base o estudo *A sociedade antiga*, do antropólogo norte-americano Lewis H. Morgan, além de anotações e comentários de Karl Marx, que havia morrido no ano anterior. Seu livro foi um marco importante para analisar a situação da mulher (e sua opressão) nos contextos histórico, econômico, social e cultural.

É preciso levar em conta a época em que o trabalho foi publicado. A humanidade já tinha passado por todas as revoluções sociais e políticas lideradas pela burguesia, que acabaram com o feudalismo e deram origem à sociedade capitalista e a consolidaram: a

Revolução Inglesa (1640-1688), que decapitou o rei Carlos I; a Revolução Americana, que conquistou a independência dos Estados Unidos (1776); a Revolução Francesa (1789-1799), que acabou com a monarquia absolutista de Luís XVI; e as revoluções europeias de 1848 – também chamadas de Primavera dos Povos, envolvendo França, Alemanha, Hungria, Áustria.

Além das revoluções burguesas, a **Comuna de Paris** 🔗▶, iniciada em março de 1871, foi a primeira revolução das classes trabalhadoras da história, com a tomada do poder pela Comuna, eleita por sufrágio universal e infelizmente derrotada de forma sangrenta poucos meses depois, em 5 de maio de 1871.

As forças produtivas tinham se desenvolvido enormemente durante a chamada Revolução Industrial, compreendida entre 1760 e 1840 aproximadamente, sobretudo na Grã-Bretanha, em países da Europa Continental e nos Estados Unidos. O Reino Unido era o principal de vários impérios comerciais, coloniais e militares. O capitalismo globalizado estava consolidado.

Na Europa, muitas mulheres trabalhavam, sobretudo na indústria têxtil. Naquela época, a classe trabalhadora inteira tinha jornada de até 16 horas diárias, era comum as crianças fazerem parte da mão

🔗 COMUNA DE PARIS

A Comuna de Paris (*La Commune*, em francês, designava naquele momento a prefeitura da cidade) foi uma insurreição popular que instaurou o primeiro governo popular sob direção da classe trabalhadora no espírito do socialismo autogestionário. Os *communards* governaram a capital francesa por 60 dias (18 de março a 28 de maio de 1871), promulgando um conjunto de decretos revolucionários, tais como a criação de creches públicas para os filhos das trabalhadoras, a autogestão das fábricas abandonadas pelos seus donos, a laicidade do Estado, o perdão das dívidas de aluguéis e a abolição dos juros sobre as dívidas dos trabalhadores, escola pública e gratuita para todos os cidadãos, entre outros que buscavam diminuir a miséria provocada pela guerra em andamento contra a Prússia e apontar para a construção de uma nova sociedade.

O movimento foi afogado em sangue por uma união entre o governo francês e o prussiano (alemão). Após uma semana de combates de rua (*La Semaine Sanglante*, A Semana Sangrenta), estima-se que foram fuzilados mais de 30 mil cidadãos, foram presos mais de 40 mil e 7 mil deportados. Paris esteve sob Lei Marcial (vigorando a pena de morte) durante 5 anos, e os presos que sobreviveram só obtiveram anistia geral em 1889.

Fontes: Henri Lefebvre: *La proclamation de la Commune*, Gallimard, París, 1965; Karl Marx: "La guerra civil en Francia", em: *Karl Marx: Antología*, Siglo Veintiuno, Buenos Aires, 2015; Louise Michel: *La Commune*, 1898 (domínio público).

de obra, as mulheres não tinham licença-maternidade. Como regra, recebiam um terço do salário dos homens. Mais ainda: os salários das mulheres eram, em geral, entregues aos maridos para complementar o magro orçamento doméstico.

Algumas greves históricas, com mulheres à frente, já haviam acontecido, embora sem direito à sindicalização. Os organismos de classe (sindicatos, associações de trabalhadores etc.) eram dirigidos por homens, mesmo havendo categorias com muita mão de obra feminina. Uma pesquisa detalhada mostrará que a organização e a participação sindical de mulheres foram objeto de muito debate. Vamos dar apenas um exemplo: na Associação Internacional dos Trabalhadores, ou Primeira Internacional, levantou-se essa polêmica. Pierre-Joseph Proudhon, um dos mais influentes líderes, posicionou-se contra a presença das mulheres nas fábricas, argumentando que isso rebaixava os salários dos operários e seria fonte de "promiscuidade". Já Karl Marx afirmava que a razão de os salários serem rebaixados era o capitalismo, portanto, era ineficiente e errado lutar contra a participação das mulheres no mundo do trabalho: o correto era lutar contra a exploração capitalista.

Assim, a referência ao contexto histórico e social é necessária para compreender a importância histórica e o impacto da publicação do livro *A origem da família, da propriedade e do estado*.

Muito embora a antropologia moderna já tenha superado o ensaio de Engels e muitos dos pontos de vista e conclusões de Morgan tenham sido criticados por autores posteriores, devido a sua perspectiva evolucionista e colonialista e ainda pelas definições de tipos étnicos de civilizações (segundo ele, selvageria, barbárie e civilização), o livro foi um marco ao localizar a opressão das mulheres sob uma perspectiva materialista, histórica, social e econômica. Porque, ao localizar na história a existência das mulheres, aparecem a compreensão e as ferramentas para que a realidade possa ser mudada. Para Gerda Lerner, o livro de Engels pautou o debate nos cem anos seguintes a sua publicação, exercendo contribuição extraordinária:

> "1) Ele apontou a ligação entre mudanças estruturais nas relações de parentesco, e mudança na divisão do trabalho, por um lado, e a posição das mulheres na sociedade por outro. 2) Mostrou a conexão entre a instituição propriedade privada, casamento monogâmico e prostituição. 3) Apresentou a relação entre dominação política e econômica pelos homens e seu controle sobre a sexualidade

feminina. 4) Determinando a grande derrota histórica do sexo feminino no período de formação dos estados arcaicos, com base na dominação das elites donas de propriedade, deu historicidade ao evento." (Gerda Lerner, *A criação do patriarcado*)

Ou seja, a obra cumpre, em primeiro lugar, o papel de desnaturalizar a divisão social do trabalho, localizando, dentro das mudanças sociais e econômicas, a necessidade de famílias patrilocais – isto é, após casamento, o casal deveria morar na casa dos pais do noivo – e patrilineares para determinar os herdeiros. Para isso, a monogamia das mulheres é fundamental, pois ter a garantia de transmitir os bens de herdeiro a herdeiro depende da certeza sobre a paternidade dos filhos. Aliás, Engels é certeiro ao afirmar que a monogamia é só das mulheres, pois a poligamia era prática comum entre os homens. O casamento equivalia a uma prisão para as mulheres, pois o divórcio era proibido na época.

Engels chega a fazer uma analogia com a sociedade de classes: os homens seriam os burgueses e as mulheres, as proletárias. Passados quase 150 anos desde a publicação da obra, podemos apontar as falhas do autor nos estudos antropológicos e a visão limitada e idealista sobre a monogamia para as futuras relações baseadas em vínculos que não a reprodução da sociedade de classes. Mas a contribuição de Engels foi um passo enorme para o debate sobre o patriarcado.

Além de discutir as ciências humanas, servindo como fonte ou ponto de partida do debate da sua época até os dias atuais, Engels influenciou o incipiente movimento de trabalhadores e trabalhadoras mundo afora, que, no momento da publicação da obra, já estava se fortalecendo. Na Associação Internacional dos Trabalhadores, ou Primeira Internacional (1864-1876), víamos os passos iniciais na organização política da classe trabalhadora. Já a Segunda Internacional, também chamada de Internacional Socialista e de Internacional Operária (1889-1916), terá uma composição de partidos operários socialistas com muita influência em seus países, além de laços internacionais mais sólidos.

O ascenso da luta das mulheres destaca, pela primeira vez, mulheres socialistas que fazem a disputa no movimento de mulheres e dentro dos partidos da classe trabalhadora. Engels também foi fundador da Segunda Internacional, ocorrida por ocasião do Congresso Internacional de Paris, em 14 de julho de 1889. Foi coerente com a consolidação de uma teoria política para ação revolucionária, conhecida como Socialismo Científico, que ele construiu junto com Marx. O debate sobre opressão feminina serviu para ajudar a organizar a luta das mulheres da classe trabalhadora para sua emancipação. E, certamente, não foi uma luta fácil, nem mesmo dentro dos partidos da classe trabalhadora.

Eu quis expor o contexto histórico e social porque temos ainda, nas nossas escolas, uma apresentação messiânica dos acontecimentos históricos, como se o indivíduo, por mais capaz e inteligente que seja, pudesse estar alheio às disputas e lutas de seu tempo.

"O grau de civilização de uma sociedade se mede pelo grau de liberdade da mulher", afirma o socialista utópico francês Charles Fourier (1772-1837).

Duas importantes teóricas e militantes do século XX, a antropóloga cultural norte-americana Margaret Mead (1901-1978) e a jornalista e política francesa Yvette Roudy, que ocupou o Ministério da Mulher da França (1981-1986), buscaram nos resquícios de outras civilizações evidências de sociedades matriarcais ou diferentes formas de organização social.

Vale destacar a obra inovadora da professora e historiadora norte-americana nascida na Áustria Gerda Lerner (1920-2013), *A criação do patriarcado*, uma pesquisa de 20 anos, publicada nos EUA em 1985.

> "O patriarcado é uma criação histórica formada por homens e mulheres em um processo que levou quase 2.500 anos até ser concluído. A princípio, o patriarcado apareceu com o estado arcaico. A unidade básica de sua organização foi a família patriarcal, que expressava e criava de modo incessante suas regras e valores". (Gerda Lerner, p. 261)

Para a autora, que se tornou um dos maiores nomes no campo de estudo da história da mulher, a divisão sexual foi modificada antes do surgimento da civilização ocidental por duas razões básicas: (i) a criação dos bebês, que demora mais do que qualquer outro animal para se tornar independente, e (ii) a inexistência de materiais de suporte para auxiliar nessa criação. Coube às mães cuidar da reprodução da prole, o que, obviamente, era importante para a reprodução da espécie, mas também para o sistema de agricultura coletora incipiente, em que mulheres e crianças eram a mão de obra, enquanto os homens iam à caça. Além disso, o controle da sexualidade das mulheres "permitiu" a troca de mulheres para estabelecer alianças por meio de casamentos intertribais, evitando guerras e conflitos.

> "Mulheres trocadas, negociadas, escravizadas, fundando um controle de homens sobre todas as mulheres. (...) dessa forma, a escravidão de mulheres,

combinando tanto o racismo quanto o machismo, precedeu a formação de classes e a opressão de classes. As diferenças de classes foram, em seu início, expressas e constituídas em termos de relações patriarcais. A classe não é uma construção separada do gênero. Em vez disso, a classe é expressa em termos relacionados ao gênero." (Gerda Lerner, p. 262)

Na antiga Mesopotâmia, as mulheres pobres poderiam ser vendidas aos noivos ou levadas à prostituição para ajudar no sustento da família, e as dívidas da família poderiam ser pagas por serviços dos servos, dos filhos e das mulheres, fossem esposas ou filhas. Antes de forma vitalícia, e com a implantação do Código de Hamurábi, todos eram tratados como propriedade. No caso das mulheres, a exploração, para além do trabalho braçal, em geral, significou trabalhos sexuais.

Ainda na antiga Mesopotâmia, as esposas substitutas, chamadas de concubinas, eram mulheres das elites e podiam exercer algum poder administrativo, político, social ou territorial na indisponibilidade do marido. Contudo, este poder era sempre subordinado à vontade dele, atendendo os serviços sexuais e reprodutivos. Lembramos que o concubinato era, para a mulher, uma figura intermediária entre o papel de esposa e o de escrava, sendo aceito socialmente, de modo que poderia dar filhos legítimos no caso de ausência deles no casamento principal.

Com a consolidação desses primeiros estados, o conjunto de regras visava ao controle dos meios de produção para as classes altas, reis, nobres e a burocracia estatal e religiosa. O conjunto dos homens era separado, conforme sua localização na produção. As mulheres, com sua sexualidade e função reprodutiva dominada pelos homens, eram alheias aos meios de produção. As trabalhadoras, além de sofrer a opressão de classe, eram exploradas sexualmente.

Gerda Lerner defende que a própria ideia de escravização começa com a escravização das mulheres. Cita fartas fontes para demonstrar que, antes da escravização de povos derrotados na guerra, o costume era matar os adversários e escravizar suas mulheres e crianças. E que as mulheres da classe baixa, além da condição de exploradas, assim como os homens de sua classe, também eram exploradas sexual e reprodutivamente, fosse pelos maridos, fosse pelos senhores, desde a Antiguidade até a Idade Média. Nesta última época, ela menciona a tradicional noite de núpcias dos servos, em que vigorava o *jus primae noctis*, pelo qual a recém-casada devia a primeira noite para uso exclusivo do senhor feudal.

No capítulo 7 do mesmo livro, Lerner informa que, nas mitologias egípcia, grega e romana, abundam citações sobre o assassinato das deusas. Isto representa, simbolicamente, o surgimento do patriarcado. As divindades femininas, ou a Deusa Mãe, são sacrificadas ou perdem seus poderes para os deuses masculinos. Mas o monoteísmo sequer reconhece a existência anterior do feminino. Nos capítulos 8 e 9, Gerda analisa o Livro da Gênese e seu impacto simbólico na discussão sobre gênero no conjunto das civilizações ocidentais. Ela conclui:

> "Nós vimos como a procriação e a criação foram divididas na criação do monoteísmo. A bênção dada por Deus à semente do homem, que seria plantada no receptáculo passivo do ventre da mulher, definiu de forma simbólica as relações de gênero do patriarcado. E, na história da Queda, a mulher – e, sendo um pouco mais específica, a sexualidade feminina – se torna o símbolo da fraqueza humana e a origem do mal." (Gerda Lerner, p. 247)

A autora se refere a várias passagens do livro, que é o primeiro da Bíblia, e à metáfora da criação, incluindo a atribuição a Eva (a primeira mulher, vinda da costela de Adão) o fato de a humanidade ter perdido o Paraíso por ela ter provado da maçã no Jardim do Éden. A socióloga e professora Nina

Becker me alertou sobre a existência, ainda hoje, de pesquisas relativas a uma criatura mítica, que teria sido a primeira mulher a existir em lendas judaico-cristãs, chamada Lilith. Esta teria sido a primeira esposa de Adão, não tendo sido criada a partir do corpo dele e nem para servir a suas vontades. Foi afastada por não se submeter às vontades dele. Embora na tradição bíblica seu nome tenha sido quase totalmente eliminado – aparece apenas uma vez, em Isaías 34:14 –, a figura mitológica continua sendo analisada em vários campos das ciências humanas.

Cabe lembrar que não faltaram mulheres ao longo da história para buscar outras leituras do papel das mulheres na Bíblia e dentro da religião. Desde as místicas do passado (que você pode conhecer mais nos capítulos 4 e 5 do livro *A criação da consciência feminista*, também de Gerda Lerner), passando pelo esforço de editar a Bíblia da Mulher, promovido em 1895 pela escritora e sufragista norte-americana Elizabeth Cady Stanton (1818-1902), até grupos de teólogas feministas nos dias atuais.

Para Lerner, a combinação de Estado e religião culmina com o peso da filosofia aristotélica, que colocava a condição inferior da mulher como parte mutilada do homem, um ser sem alma. Se

Aristóteles permite alguma dúvida sobre os valores (i)morais da escravidão, não faz o mesmo em relação às mulheres. Ele utiliza o exemplo da inferioridade delas para dizer que há homens inferiores, passíveis, portanto, de escravização. Com base nesse sistema de pensamento filosófico, muito superior (em termos de sistematização dos postulados) ao que existia até então, naturaliza-se a exclusão das mulheres.

Aqui, estamos observando, em linhas gerais, a condição feminina durante quase 4 mil anos. Por muito tempo, o debate central era acabar com a narrativa de que a opressão da mulher se devia a sua natureza biológica, segundo os tradicionalistas propagaram durante séculos. Embora para muitos pareça um debate superado pelo conhecimento e pela história, esses sistemas de explicação da subordinação feminina se mantiveram por milênios. É a fusão entre a consolidação dos estados com a religião monoteísta judaico-cristã e o pensamento de Aristóteles que dá base política, filosófica e religiosa ao patriarcado.

Vários pioneiros e pioneiras empenhados em localizar o debate de gênero fora do campo da biologia encontraram dificuldades e escassez de registros, mas foram inovadores em seu tempo.

Estamos falando de uma concepção milenar de atribuição dos papéis de gênero como consequência natural da alegada "inferioridade física, social e emocional" da mulher. As visões que assentaram o sistema patriarcal referiam que a condição biológica feminina era a explicação para a divisão sexual do trabalho, em que o homem era o provedor, senhor do lar, responsável pela família e "naturalmente" quem ocupava os espaços públicos e sociais, enquanto as mulheres eram responsáveis pelo cuidado dos filhos, pela casa e por atender às necessidades do marido.

Quantas vezes ouvimos que atrás de um grande homem, sempre existe uma grande mulher? E, mesmo que a conotação desse ditado popular seja no sentido de "valorizar" a mulher na casa, como "retaguarda" do marido, mais uma vez o estereótipo reforça papéis retrógrados, que ainda estão presentes na cultura da nossa época. Desde pequenos, meninos recebem bolas, carrinhos, aviões, navios e até armas de brinquedo (infelizmente). As meninas ganham ferro de passar, panelinhas, bonecas para brincar de maternidade. Dessa forma, a divisão sexual vai, desde a infância, construindo os papéis socialmente consolidados entre homens e mulheres.

Quando Damares Alves, que foi ministra da Mulher, da Família e dos Direitos Humanos de 2019 a 2022, falava que meninas vestem rosa e meninos vestem azul, expressando a "política de gênero" do governo Bolsonaro, certamente não se referia apenas à cor da roupa das crianças, mas a uma visão retrógrada da divisão sexual do trabalho, desde a infância, para reforçar a subordinação histórica das mulheres.

Se estamos ouvindo isso em pleno século XXI, imagine que condição era essa há mil anos. Mulheres excluídas de todos os sistemas de ensino, propriedade inicialmente do pai e depois do marido, submetidas a casamentos arranjados, trocadas como mercadorias, para manter a propriedade e a herança na família considerada útero da sociedade, sendo seu papel social dar filhos homens ao patriarca. Em tempos em que a mortalidade infantil era altíssima, cabe lembrar que as mulheres tinham oito, nove (ou mais) gestações durante a vida!

E eram ajudantes e trabalhadoras desempenhando funções consideradas menores, como os trabalhos manuais e de subsistência, com responsabilidade pela alimentação da família, pela limpeza e pelo cuidado do lar... e ainda eram consideradas propriedade dos maridos.

A monogamia estava instituída como base da família patriarcal, mas os homens podiam ser poligâmicos a qualquer tempo. Para a mulher, o adultério era crime pesado, severamente punido. Repare que, apenas em 2023, o Supremo Tribunal Federal (STF), no Brasil, acabou com a tese da "legítima defesa da honra", usada frequentemente para "justificar" feminicídios e deixar impunes os assassinos.

Eu não poderia terminar este capítulo sem indicar o livro *O calibã e a bruxa*, da filósofa e feminista autonomista italiana Silvia Federici, radicada nos Estados Unidos. Esclarecendo: o qualificativo "autonomista" (também "marxismo autonomista") diz respeito a uma corrente e teoria política vinculada à esquerda libertária, que é contra o socialismo centralizado e defende uma sociedade livre de hierarquias coercitivas, tendo como principal característica enfatizar o poder de luta autônomo dos trabalhadores em relação ao capital e também em relação às organizações oficiais, a exemplo de sindicatos e partidos políticos. A obra de Federici registra sua pesquisa de décadas nos processos da **Santa Inquisição** 🔗▶, indo fundo ao estabelecer conexões sobre a necessidade de as classes dominantes reduzirem ainda mais o controle das mulheres sobre seu próprio corpo e suas atribuições nos feudos, utilizando a perseguição religiosa para assentar as bases do capitalismo.

> 🔗 SANTA INQUISIÇÃO
>
> A Inquisição, também chamada de Tribunal do Santo Ofício, foi um sistema judicial formado pela Igreja Católica para condenar e punir as pessoas que se desviavam das normas de conduta por ela impostas, isto é, os hereges. Sob a alegação de que esses pecadores deveriam ser salvos a todo custo, os suspeitos eram investigados e condenados a diversas punições, desde ser preso sem alimentação por alguns dias até ser submetido a horríveis instrumentos de tortura e à morte na fogueira. Cientistas, mulheres que usavam plantas para cura, judeus e qualquer outra pessoa que ousasse desafiar os dogmas da Igreja poderiam ser considerados hereges. Os julgamentos da Inquisição vigoraram em países como França, Espanha, Portugal e Itália, assim como nas colônias da América espanhola e portuguesa. O Brasil nunca teve um tribunal, mas recebia visitadores do Santo Ofício para investigar e fazer valer os dogmas da Igreja de Roma. Calcula-se que, como resultado do trabalho desses emissários, presentes no Brasil entre 1591 e 1767, ao menos 400 brasileiros tenham sido condenados e 21 queimados em Lisboa, para onde eram mandados os casos mais graves.
>
> Fonte: https://revistas.newtonpaiva.br/redcunp/d18-22-consideracoes-juridicas-sobre-a-inquisicao

Esse processo começa com a privatização das terras públicas, antes usadas pelos camponeses para reforçar sua sobrevivência – sendo parte fundamental da chamada, por Karl Marx, acumulação primitiva do capital. Assim, expulsos com muita violência, sem mais acesso à terra, os camponeses foram obrigados a vender sua força de trabalho como única forma de sobreviver. Mas houve resistência, incluindo das próprias mulheres, rompendo cercas, fazendo protestos e reivindicando o acesso à terra.

Foram milhares de mulheres queimadas vivas em uma época em que se consolidou a ideologia da mulher pecaminosa, a quem chamavam de "bruxa", para acabar com a reivindicação do direito à terra e aprofundar ainda mais a divisão sexual do trabalho. Tal ação praticamente eliminou a existência das parteiras e das curandeiras, cujos serviços foram transferidos para os homens e, assim, terminou o mínimo controle das mulheres sobre a reprodução sexual, pois o aborto será veementemente proibido. Nas palavras de Silvia Federici, na obra *O calibã e a bruxa*:

> "A caça às bruxas foi, portanto, uma guerra contra as mulheres; foi uma tentativa coordenada de degradá-las, de demonizá-las e de destruir seu poder

social. Ao mesmo tempo, foi precisamente nas câmaras de tortura e nas fogueiras onde se forjaram os ideais burgueses de feminilidade e domesticidade.

Também nesse caso, a caça às bruxas amplificou as tendências sociais de então. De fato, existe uma continuidade inconfundível entre as práticas que foram alvo da caça às bruxas e aquelas que estavam proibidas pela nova legislação introduzida na mesma época com a finalidade de regular a vida familiar e as relações de gênero e a propriedade. De um extremo a outro da Europa Ocidental, à medida que a caça às bruxas avançava, aprovavam-se leis que castigavam as adúlteras com a morte. (...) Ao mesmo tempo, as amizades femininas tornaram-se objeto de suspeita, denunciadas no púlpito como uma subversão da aliança entre marido e mulher, da mesma maneira que as relações entre mulheres foram demonizadas pelos acusadores das bruxas, que as forçavam a delatar umas às outras como cúmplices do crime. Foi também neste período que, como vimos, a palavra *gossip* [fofoca], que na Idade Média significava "amiga", mudou de significado, adquirindo conotação depreciativa: mais um sinal do grau a que foram solapados o poder das mulheres e os laços comunais.

Há também, no plano ideológico, uma estreita correspondência entre a imagem degradada da mulher, forjada pelos demonólogos, e a imagem da feminilidade construída pelos debates da época sobre a "natureza dos sexos", que canonizava uma mulher estereotipada, fraca do corpo e da mente e biologicamente inclinada ao mal, o que efetivamente servia para justificar o controle masculino sobre as mulheres e a nova ordem patriarcal." (Federici, p. 334)

Silvia Federici alerta que, para consolidar a transição do fim do feudalismo para o capitalismo, o aprisionamento das mulheres pela Santa Inquisição foi fundamental no sentido de diminuir a resistência e entregar ao Estado o controle sobre o corpo das mulheres. Trata-se de uma pesquisa de 30 anos, que vale a pena ser estudada.

Durante muito tempo, estudamos o Renascimento e o Iluminismo como expressões da era da razão. Esses movimentos de fato mudaram o mundo, ao tirar o aspecto divino da explicação da vida terrena, dos fenômenos naturais e sociais, e começaram a colocar o homem (que eu sempre entendi no sentido de humanidade) como centro da análise. O problema é que foi literalmente o homem este personagem, mais uma vez oprimindo as mulheres.

As teorias para embasar o capitalismo com roupagem humanística mantiveram e aprofundaram a divisão sexual do trabalho. E, por alguns séculos, as imposições da guerra às mulheres do período anterior continuaram dominando em muitos aspectos. Aliás, para Silvia Federici, a acumulação primitiva (p. 119) "foi também uma acumulação de diferenças e divisões dentro da classe trabalhadora, em que as hierarquias construídas sobre gênero, assim como sobre a 'raça' e a idade, se tornam constitutivas da dominação de classe e da formação do proletariado moderno".

O *Manifesto Comunista* afirma que o capitalismo, com a criação do proletariado, criou também seus coveiros. Podemos dizer que criou ainda suas coveiras, no feminino e no plural, já que, ao empurrar as mulheres rumo ao mercado de trabalho para serem exploradas, as tirou do espaço privado doméstico e, como trabalhadoras, também elas se converteram em sujeitos sociais.

2
Vozes femininas

Você já deve ter observado a ausência de personagens femininas nas lutas e revoltas históricas. Se ainda não tinha percebido, vale a pena começar a se interrogar sobre isso. Métodos de ensino, interpretações e terminologias acabam excluindo os rebeldes de sua época e reproduzindo uma forma de contar a história sob a roupagem da narrativa oficial dos opressores.

Claro que temos professores críticos, que trazem fontes diversas, mas pegue seu livro de história: busque as revoltas (anti)coloniais, as greves operárias do início do século XX, que garantiram a CLT (Consolidação das Leis do Trabalho), em 1943, depois de décadas de luta. Procure as mulheres nesses momentos históricos. Aprendemos a história como aventuras de um punhado de heróis tão bons que arrastam as multidões em revoltas e revoluções vitoriosas, e não como um processo vivo, que mobilizou milhares de pessoas, protagonistas anônimas que foram fundamentais para essas vitórias. Já sobre os processos derrotados, não estudamos quase nada, como se não tivessem acontecido e não fossem importantes para a experiência das classes exploradas e não fossem fundamentais para as conquistas parciais alcançadas ao longo dos anos.

Se, a partir da perspectiva de classe, a situação é essa, imagine combiná-la com a perspectiva de gênero, ou mais: interseccioná-la também com questões de raça! Os homens explorados têm pouca história contada sobre suas lutas. As mulheres exploradas, porém, até muito recentemente, não tiveram quase nada. A história das mulheres começou a ser pesquisada mais seriamente depois da Segunda Guerra Mundial e, em seguida, na esteira das lutas por direitos civis das décadas de 1960 e 1970. Atualmente, são muitas as fontes disponíveis sobre a condição da mulher no mundo antigo, incluindo Mesopotâmia, Grécia e Roma, assim como nas Idades Média, Moderna e Contemporânea.

As universidades, que surgiram por volta do século XI na Europa Ocidental, mantiveram suas portas fechadas às mulheres até praticamente o século XIX. As consequências não foram sentidas apenas por gerações e gerações de mulheres criadas para serem esposas – isso se fizessem parte da nobreza e das classes altas. As que pertenciam às classes baixas também estavam presas ao lar e ajudavam de forma subordinada os maridos em seus ofícios. Estamos falando da história registrada pelo sistema de símbolos, letras e livros por pensadores, acadêmicos, homens que, evidentemente, não costumavam se preocupar com o fato de a outra metade da sua sociedade ser excluída. Tampouco estavam interessados em registrar essas exclusões em documentos e escritos. Além de a história ser vivida sob a tutela do patriarcado, a história registrada também esteve sob a mesma tutela. Mas houve resistências, como nos contam Branca Moreira Alves e Jacqueline Pitanguy, ativistas das lutas das mulheres e autoras de *Feminismo no Brasil: Memórias de quem fez acontecer*:

> "(...) no ano 195 a.C., mulheres dirigiam-se ao Senado Romano protestando contra sua exclusão do uso dos transportes públicos – privilégio masculino – e pela obrigatoriedade de se locomoverem a pé (...), diante desse protesto, se manifestou o senador Marco Pôncio Catão: "Lembrem-se do grande trabalho que temos tido para manter nossas mulheres tranquilas e refrear-lhes a licenciosidade, o que foi possível enquanto as leis nos ajudaram. Imagina o que sucederá, daqui por diante, se tais leis forem revogadas e se as mulheres se puserem, legalmente

considerando, em pé de igualdade com os homens! Os senhores sabem como são as mulheres: façam-nas suas iguais e imediatamente elas quererão subir às suas costas para governá-los". (Alves & Pitanguy)

Os preconceitos observados na história registrada apenas sob perspectiva masculina não nos permitem identificar a extensão da organização das mulheres pelo direito a usar transporte em Roma, mas a forma como o senador rejeita a petição mostra claramente a opressão e, sobretudo, a determinação de não conceder nenhum direito, para que as "pretensiosas" não almejassem também o poder.

Lembremos ainda que a Comuna de Paris, a primeira vez na história em que a classe operária tomou o poder, não é nunca estudada na escola. Ainda que limitada à capital da França e com apenas 72 dias de existência, essa experiência histórica foi fundamental para mostrar que não é impossível para as classes exploradas assumir o poder e organizar um Estado para as maiorias. A Comuna foi derrotada pela brutal repressão dos exércitos da burguesia de dois países capitalistas: França e Prússia, que suspenderam a guerra entre eles para atacar conjuntamente o inimigo de classe, o povo trabalhador, e restabelecer a ameaçada sociedade capitalista.

Mas, mesmo quando em busca de informações sobre essa experiência histórica entre as organizações das classes trabalhadoras, pouco se fala das mulheres, que, com sua militância e seus círculos de organização para o combate, participaram e dirigiram essa revolução. As *comuneiras* foram assassinadas, junto com os homens insurrectos, por outros homens que obedeciam ao poder dos capitalistas.

Às vezes, fala-se da professora e enfermeira Louise Michel (1830-1905), "que se vestia de homem" para poder dirigir as formações armadas que defendiam a Comuna. Essa "roupa de homem" era a farda da Guarda Nacional, a força de policiamento e reserva militar dos cidadãos de Paris desde a Revolução Francesa. Ela relata em suas *Memórias*, publicadas em Paris em 1886, os dias e as noites da Comuna revolucionária. Foi uma das poucas mulheres que contaram sua história como participante da História. Essas mulheres combativas, após a derrota da Comuna, foram tachadas de incendiárias e sofreram toda a sorte de estigma e preconceito. Era uma forma usada pelas elites para estigmatizar essas guerreiras, para que não servissem de exemplo a outras mulheres e mesmo aos homens. Louise Michel foi capturada durante a revolta e deportada em 1873 para a Nova

Caledônia, arquipélago no Oceano Pacífico que fica a 18 mil quilômetros de Paris, para onde voltou em 1880, quando a anistia já havia sido concedida aos *Communards* (depois de lutas e novos levantamentos populares em defesa da anistia).

É impossível nos deter aqui em mulheres pioneiras ao longo de milênios e os registros que temos sobre elas; assim, citaremos algumas obras para leitura e aprofundamento e apresentaremos, de forma resumida, algumas mulheres que tiveram importância antes da chamada Primeira Onda do Feminismo.

Em *A criação da consciência feminista*, Gerda Lerner busca e apresenta escritos e vozes de mulheres em um período de 1.500 anos de história. Narra a vida de celibato nos conventos, que muitas mulheres adotaram como única forma de poder estudar. Algumas criaram obras importantes nas artes e na literatura, especialmente na poesia. Conhecer as resistências individuais de cada uma e seus sacrifícios para tentar desnaturalizar a opressão de séculos é uma justiça histórica com a vida e a produção de cada uma delas.

3
A *Querelle des Femmes*

A enciclopédia *Mulheres na Filosofia*, trabalho de pesquisadoras e pesquisadores de várias áreas sobre filosofia escrita por mulheres e teoria feminista, publicada em um dos *blogs* da Universidade Estadual de Campinas (Unicamp), traz um verbete sobre a *Querelle des Femmes*. Ele foi produzido pela professora Luciana Calado Deplagne, do Departamento de Letras Clássicas e Vernáculas da Universidade Federal da Paraíba (UFPB). No verbete, ela define:

> "A *Querelle des femmes* ("Querela ou Discussão das Mulheres") é um debate literário e político sobre a natureza feminina, a representação das mulheres nos discursos oficiais e a diferença entre os sexos, iniciado no limiar do século XV, na França, e que se estendeu por aproximadamente quatro séculos. Trata-se de uma querela literária, envolvendo vários escritores e escritoras que se ocuparam da elabora-

ção de argumentos para defender ou para criticar o sexo feminino, registrados em manuscritos, livros, panfletos, epístolas etc. É designada 'querela' pelo fato de as obras envolvidas atuarem em resposta a uma obra anterior, cujo teor apresentava propósitos misóginos ou, ao contrário, apologia às mulheres."
(Luciana Calado Deplagne)

Após o Renascimento, que, como sabemos, não incluía as mulheres, uma série de textos, panfletos e obras literárias começaram a ser publicadas, sendo tais trabalhos produzidos e debatidos por círculos sociais que encaravam diferentes temas. Um dos mais importantes era a questão da educação. Referindo-se à mulher, levantavam-se desde argumentos sobre como a educação poderia ajudar a mulher a cumprir melhor seu papel de mãe e de esposa, ou sobre as plenas capacidades mentais e intelectuais das mulheres, que só não poderiam exercê-las pela exclusão educacional que sofriam.

Uma das pioneiras foi a veneziana Christine de Pizan ou Pisan (1364-1430), cujo escrito *Epístola ao Deus do Amor* (1399) costuma ser considerado o impulso inicial da *Querelle*. Ela foi a segunda poeta registrada pela história depois da grega Safo de Lesbos (século VII a.C.) e alguém que, apenas com os ganhos de seu trabalho de escritora, conseguiu viver e criar os filhos. Em 1405, publicou o livro *Cidade das mulheres* (também conhecido como *O Livro da cidade de senhoras*). Em *Breve história do feminismo* (2011), Carla Cristina Garcia, escrevendo sobre este trabalho, relata que a obra

> "denuncia a autoridade masculina dos grandes pensadores e poetas que contribuíram para formar a tradição misógina e decide fazer frente às acusações e aos insultos contra as mulheres, que eram tratadas como desobedientes, invejosas, mesquinhas, embusteiras, faladoras, orgulhosas, luxuriosas, perigosas etc. Propõe, com firmeza e segurança, uma utopia, um espaço próprio para elas e reivindica uma genealogia de mulheres de capacidades e qualidades excelentes ao longo da história." (Carla C. Garcia, p. 27)

Embora não tenha formado um movimento de mulheres, dadas as dificuldades da época, Christine de Pizan ficou conhecida na história como uma das primeiras feministas, pela defesa contundente da igualdade das mulheres, por ter sido a primeira poeta oficial de uma corte – a francesa, que foi servida por seu pai e por seu marido – e por ter mantido uma vida de trabalho sustentada por suas próprias obras após a viuvez, em 1389.

Nos séculos XVII e XVIII, a aristocracia liberal na Europa tinha por hábito organizar recepções conhecidas como "salões" para debater ideias, literatura, filosofia e política. Alguns desses *salons*, promovidos por mulheres cultas das classes altas, converteram-se em importantes espaços de discussão entre intelectuais e políticos.

Carla Garcia apresenta um panorama geral dessa cultura de salão de mulheres da alta sociedade francesa como espaços de socialização mistos, muitos deles presididos por mulheres, que discutiam política e valores morais de sua época. Um dos mais destacados foi o salão da Marquesa de Rambouillet (1588-1665), que teve seu apogeu entre 1630 e 1648. Uma ativa participante dessas reuniões, Madeleine de Scudéry (1607-1701), que usava o pseudônimo de Safo, criou seu próprio salão em 1653, cuja duração foi de aproximadamente 10 anos, sendo frequentado por gente de renome, como o filósofo moralista La Rochefoucauld; Madame de La Fayette, a escritora de *A princesa de Clèves* (1678), primeiro romance histórico da França; e a Marquesa de Sévigné, autora das famosas cartas a sua filha. Scudéry escreveu vários romances de amor – tema ridicularizado por intelectuais e filósofos do gênero masculino. Foi também a primeira mulher a ser premiada por eloquência na Academia Francesa.

Esse ambiente cultural originou também, na França, e ainda no século XVII, o Movimento das Preciosas, ou *La Préciosité*, que, com o mesmo componente de classe (mulheres da alta sociedade), defendia o acesso à educação e à cultura para a totalidade do gênero feminino. A partir de 1654, despontaram, então, as preciosas – aristocratas, adeptas de galanterias, de comportamento mundano e sentimental, com influência e ambições literárias, que surpreenderam –, mas que não tardaram a ser associadas a caçoadas e sarcasmos em vez de ligadas às várias obras que produziram. E, como bem destacou Carla Garcia, o movimento se tornou mais conhecido pela crítica patriarcal e machista dos intelectuais da época, sobretudo devido ao sucesso da peça de 1659 de Molière, *As preciosas ridículas* – "pretenciosas" que reivindicavam a capacidade intelectual que lhes era negada.

Depois de mais de um século de lutas em busca de espaço na vida social, cultural e intelectual, foram os impactos da Revolução Francesa de 1789 que se mostraram determinantes para o início de um movimento organizado das mulheres em defesa da igualdade.

4
Mulheres e revoluções

Eu já estava na faculdade quando soube da existência e participação de Olympe de Gouges na Revolução Francesa. Na época, me indignei. No ensino médio, aprendemos sobre essa insurreição e suas expressões políticas como jacobinos e girondinos – sendo os girondinos representantes da alta burguesia, que defendiam reformas moderadas e a monarquia constitucional, enquanto os jacobinos faziam parte da média e da pequena burguesia, formando o partido mais radical. Sob a liderança de figuras como Robespierre, Danton, Marat, os jacobinos ambicionavam acabar com a monarquia absolutista de Luís XVI e adotar um governo republicano. Aliás, a única mulher eventualmente citada é Maria Antonieta, uma representante da monarquia austríaca, esposa do rei francês Luís XVI, que foi destronado e guilhotinado, assim como ela.

O que eu não sabia é que, durante a revolução, em 1791, a escritora Olympe de Gouges (1748-1793) lançou a Declaração dos Direitos da Mulher e da Cidadã, em 1791, que, na esteira das ideias de igualdade, liberdade e fraternidade, foi o primeiro manifesto público em favor dos direitos das mulheres. Em sua obra, defendia o direito ao divórcio e às relações sexuais fora do casamento, tendo escrito uma peça de teatro contra a escravidão. Foi também nesse momento que descobri que a Declaração dos Direitos do Homem e do Cidadão, proclamada em 1789, restringia-se apenas aos homens. A declaração da escritora foi rejeitada e lançada ao esquecimento até a década de 1980.

De Gouges, na verdade, lançou um manifesto que estendia a todas as mulheres as pretensas liberdades garantidas pela revolução. Pretensas porque sabemos que, mesmo para os homens, o regime capitalista não garante liberdades plenas quando a propriedade ainda é monopólio de poucos e a força de trabalho é explorada como mercadoria. De qualquer modo, mesmo essas pretensas liberdades não foram estendidas às mulheres. Ainda hoje, quando pergunto nas palestras em escolas, a maioria nunca ouviu falar de Olympe de Gouges.

A omissão sobre o papel feminino é mais indignante ainda quando aprofundamos os estudos e enxergamos que uma vasta gama de mulheres se envolveu nessa revolução. Por exemplo, a Marcha das Mulheres sobre Versalhes, fundamental para a sequência dos acontecimentos, partiu das mulheres extenuadas pela fome e pelo alto custo do pão. Cerca de 6 mil mulheres marcharam durante seis horas, em 5 de outubro de 1789, até Versalhes, residência dos monarcas, cercaram o palácio e, na prática, obrigaram Luís XVI e Maria Antonieta a retornar a Paris. Eles voltaram e passaram a morar no Palácio das Tulherias, onde a família real permaneceu durante três anos, até o desenlace da insurreição popular.

A revolucionária alemã Clara Zetkin, personagem muito importante para as lutas socialistas e feministas, menciona esta marcha como "a manifestação das parisienses dirigindo-se a Versalhes para reconduzir a Paris 'o padeiro e a padeira'", quer dizer, o rei e a rainha e toda a Assembleia Nacional. E esclarece que aquela memorável manifestação era impulsionada "pela amazona da liberdade, Théroigne de Méricourt, que tinha combatido na primeira fila durante a queda da Bastilha e participado ativamente na insurreição de 10 de agosto de 1792, que precedeu a queda da monarquia". Théroigne (1762-1817) foi outra grande militante da Revolução Francesa, que defendia a insurreição popular contra o absolutismo e, depois, a monarquia constitucional, estando na vanguarda em dois momentos fundamentais da Revolução.

No livro de Linda Kelly *Las mujeres de la revolución francesa* ("As mulheres da revolução francesa"), em tom romanceado a partir de diários, escritos e extratos de jornais, veremos personagens importantes, muitas vezes nos bastidores das frações políticas das classes em luta naquele momento.

> "Mas, desde o verão de 1790, em uma atitude análoga à dos clubes políticos contemporâneos, foi fundada uma série de clubes 'fraternais' ou mistos, em que se aceitavam as mulheres em igualdade de condições com os homens. A Sociedade Fraternal dos Patriotas dos Dois Sexos, o primeiro, que se alojava na cripta do Clube dos Jacobinos, foi seguido por outros clubes em quase todos os bairros parisienses. Ao mesmo tempo, se formaram clubes unicamente para mulheres em muitas cidades de província e, em Paris, uma feminista holandesa, autodesignada Baronesa Palm d'Aelders (1743-1799), tentou, sem êxito, criar uma rede nacional de clubes femininos com filiais correspondentes em todo o território francês." (Linda Kelly)

O impressionante é que, apesar de as mulheres terem participando ativamente dos círculos de debates em momento de ascensão do povo e de luta revolucionária, em ambientes mistos ou em grupos de mulheres; que elas tenham sido o estopim da marcha revolucionária sobre Versalhes, obrigando a família real a voltar a Paris; que tenham tomado a Bastilha junto com os homens; que tenham saído do espaço doméstico para participar das lutas do seu tempo; que tenham tido coragem de evidenciar as conquistas de direitos "igualitários" como não exclusiva para apenas a metade masculina da sociedade, defendendo que todos deveriam desfrutar da igualdade, ainda assim, nada disso nos tenha sido contado quando estudamos a Revolução Francesa na escola. É realmente impressionante!

Aliás, muito embora Olympe de Gouges tenha morrido na guilhotina junto com outros girondinos, alguns anos depois, e os círculos de debate tenham sido fechados para colocar de novo as mulheres no espaço privado, nada voltaria a ser igual, pois essas mulheres inspiraram outras.

Sem a Revolução Francesa, talvez não tivéssemos a contribuição histórica da britânica Mary Wollstonecraft (1759-1797). Você provavelmente conhece sua filha, Mary Shelley (1797-1851), autora do clássico da literatura *Frankenstein* e de outros romances. Aliás, há teorias de que o monstro, criado pelo Dr. Frankenstein, feito de retalhos de vários cadáveres de homens, teria sido inspirado nos pesadelos da própria autora, que, por fugir de casa para viver com o poeta Percy Shelley (1792-1822), casado de papel passado com outra mulher, foi estigmatizada pela sociedade. Nessa relação de afastamento da família e de traições recorrentes, além da perda de uma filha, Mary teria se inspirado em si própria para criar a história do monstro composto de partes de homens, com aspecto de homem e mente de assassino.

É possível ver o filme *Mary Shelley*, cinebiografia de 2018, e conhecer as dificuldades que a escritora enfrentou para publicar sua obra-prima. A primeira edição, de 1818, foi anônima, com prefácio de Percy Shelley. Prontamente, a autoria da obra foi entendida como dele e as melhores críticas celebraram o livro, que inaugurou um novo gênero de literatura, misto de ficção científica e romance de horror. Quando o pai de Mary Shelley, o intelectual William Godwin, conseguiu publicar a segunda edição, em 1823, agora assinada por Mary, as resenhas destacando o brilhantismo da obra foram esquecidas e trocadas por críticas pesadas. Em 1831, enfim, saiu a terceira edição, revisada e com prefácio da autora, tornando-se a versão definitiva da obra.

Além de Mary Shelley, nos importa aqui a mãe dela, a filósofa feminista e escritora Mary Wollstonecraft, que morreu dez dias depois do nascimento da filha. Era uma mulher à frente de seu tempo, envolvida nas lutas da época e com uma vida marcada por escândalos amorosos. Influenciada pelos impactos da Revolução Francesa e pelas constatações anteriores sobre as condições de desigualdade das mulheres, ela escreveu em 1792 *Uma reivindicação dos direitos da mulher*. Nessa obra, ela atribui o *status* social inferior da mulher à falta de acesso à educação, ao trabalho e à dependência econômica, defendendo ainda a necessidade de participação política para as mulheres. Para Carla Garcia, Wollstonecraft lançou "as bases para o feminismo moderno".

> "(...) para a maioria dos historiadores, a autora inaugura a crítica moderna da condição feminina. A novidade teórica aqui colocada é a que, pela primeira vez, chama-se de 'privilégio' o poder que os homens sempre exerceram sobre as mulheres de maneira 'natural', ou seja, como se fosse um mandato da natureza." (Carla Garcia, p. 47).

Certamente, a britânica Mary Shelley recebeu a influência da ideologia revolucionária do país vizinho e, em um texto claro e preciso, lançou ideias que continuaram influenciando a luta das mulheres por décadas. Mesmo Mary e Olympe tendo morrido jovens, suas lutas não morreram. Como diz o ditado: ideias são à prova de bala.

5
Ondas e feminismos

A utilização do marco temporal em ondas é bastante problematizada dentro do feminismo. Segundo a comunicadora Joanna Burigo, a expressão "segunda onda do feminismo" foi empregada pela jornalista norte-americana Martha Lear, em artigo publicado na *New York Times Magazine* em março de 1968. O título era: "A segunda onda feminista: O que essas mulheres querem?". Observando as ações de mulheres dos movimentos sociais do período, e comparando com as sufragistas (que até então ninguém chamava de "feministas de primeira onda"), Lear acabou por, inadvertidamente, introduzir na linguagem comum a ideia de "ondas feministas". Desde então, a convenção mais aceita tem sido a utilização das ondas para categorizar determinados períodos e as bandeiras levantadas nesses momentos. Vamos apresentá-las no decorrer do capítulo.

Tanto Nina Becker como Carla Zanella, ambas sociólogas e companheiras de luta, me alertaram sobre pontos de problematização dessa definição. Carla Zanella, em conversas privadas, alertou que as ondas são uma convenção útil para a consideração histórica, mas não são estáticas e tampouco regulares. A primeira onda – a do sufrágio –, por exemplo, só se efetivou na Arábia Saudita em 2015, pelos processos de luta desiguais em cada parte do mundo. Outra crítica à ideia de ondas é que se trata de uma narrativa histórica a partir de uma visão de feminismo euro-centrada, com protagonismo de mulheres brancas e de classes mais altas. Além disso, parece que no "encerramento" da onda, são observados apenas os momentos de ascenso, como se as situações inter-mediárias não comportassem ações, mobilizações e mesmo as reflexões não tivessem contribuído para a ação. Sob esse aspecto – fazendo uma analogia com os fenômenos físicos da natureza –, quando o mar está agitado, com repuxo forte, é um movimento preparatório para formar ondas ainda maiores e mais fortes. Na luta, também temos esses momentos.

E, sobre a primeira crítica, me associo à professora Ilze Zirbel, do Complexo de Ensino Superior de Santa Catarina (Cesusc), que afirma: "Nenhuma onda formou-se por conta de uma única perspectiva ou por meio de ação de um único grupo, ainda que, em dado momento, vários grupos de mulheres tenham decidido lutar em conjunto para potencializar algum ponto presente em suas pautas".

A primeira onda

Um dos filmes recentes a fazer sucesso entre crianças, adolescentes e adultos foi *Enola Holmes* (2020). Além de trazer uma irmã muito sagaz do brilhante detetive Sherlock Holmes, o primeiro "caso" de Enola investigadora é o desaparecimento da própria mãe, que vivia sua fase mais radical, lutando com as sufragistas pelo direito ao voto na Inglaterra. A personagem é fictícia, mas o contexto é real. Na passagem do século XIX para o XX, inúmeras manifestações são protagonizadas por mulheres, exigindo direitos civis e liberdades políticas em várias partes do mundo.

Se quiser conhecer mais sobre o período, recomendo o filme *As sufragistas* (2015), de Sarah Gavron. Ele mostra a perspectiva dessa luta com duas das contradições que existiram (e ainda existem) e a cisão entre os métodos de luta durante o processo. A primeira contradição é a dimensão de classe do movimento. As líderes da defesa do direito ao voto são mulheres das altas classes, que reivindicam a igualdade com os homens no acesso à educação e na representação política na sociedade tal como era. Essas mulheres de origem burguesa e/ou das classes altas buscavam as mesmas condições dos homens, mas não queriam mexer na estrutura de classes da sociedade; portanto, não incluíam, em sua luta e em sua visão de feminismo, a divisão de classes e a opressão de raça. Todavia, na base do movimento, havia mulheres trabalhadoras. A protagonista do filme é uma lavadeira, cuja situação mostra a contradição da dimensão do trabalho, os abusos sexuais do chefe, os menores salários dentro de uma fábrica com força de trabalho majoritariamente feminina, o pequeno salário dela sendo gerido pelo marido, que, tão proletário quanto ela, não aceita sua participação na luta pelo sufrágio, larga dela e ainda lhe rouba o filho.

O filme não aborda a organização das mulheres operárias nem as influências (que foram muitas) do feminismo socialista e tampouco focaliza as mulheres imigrantes, tão exploradas na Inglaterra desse período, mas tem o mérito de mostrar a luta sufragista, tendo como protagonista uma mulher trabalhadora.

Na Inglaterra, o direito ao voto foi conquistado em 1918, com uma legislação que permitia às mulheres votar a partir dos 30 anos. Demorou mais uma década para que mulheres e homens, desde os 21 anos, pudessem escolher seus (ou suas) representantes. Nessa luta de décadas, uma líder da vida real, Emmeline Pankhurst, interpretada por Meryl Streep, ficou muito conhecida pelas táticas radicais (como quebrar vidraças, colocar bombas em lixeiras). Ela defendeu e estimulou essas táticas depois de muitas passeatas pacíficas acabarem em agressão e prisão de mulheres. Pankhurst foi presa dez vezes pelo "crime" de liderar desfiles públicos pelo direito ao voto feminino.

Um fato histórico que aparece no filme *As sufragistas* é o atropelamento da militante Emily Davison, que pulou diante do cavalo do rei da Inglaterra, George V, no Derby de Epsom, em 4 de junho de

1913. Ela morreu quatro dias depois, devido a uma fratura no crânio e a lesões internas. O jóquei que montava o cavalo sofreu concussão leve. Existe controvérsia sobre se ela pretendia exibir uma bandeira sufragista, costurada em sua jaqueta, e interromper a corrida ou se foi suicídio. Contudo, ela costuma ser apresentada como "a mulher que sacrificou sua vida pelo direito ao voto".

Outro fato histórico que o filme aborda são as greves de fome promovidas pelas centenas de mulheres presas ao longo da luta sufragista. Como nos mostra a socióloga Giovana Marcelino, "a princípio, as bandeiras levantadas pela primeira onda do feminismo foram convencionalmente identificadas com a luta das chamadas 'feministas liberais', mulheres de classe média e alta, na época inspiradas pelas noções de estado e de democracia fomentadas pela Revolução Francesa e pela ideia de ampliação dos direitos presentes na Carta de Declaração dos Direitos do Homem". No entanto, foram ganhando dinâmica distinta a partir da entrada das mulheres trabalhadoras na luta.

Importante, então, é refletir sobre que mundo era aquele: uma sociedade recém-saída da Revolução Francesa, apresentando-se como momento histórico que consolida a transição do feudalismo para o capitalismo, ou seja, uma revolução multissecular, que combinou uma burguesia nascente contra a dominação da nobreza, camponeses em luta por direito ao salário, uma classe operária jovem e aglomerada nos centros urbanos em grandes fábricas, resultado da Revolução Industrial, do surgimento da máquina a vapor e do uso de combustíveis fósseis. Assim, os revolucionários estavam regulados pelas ideias do Renascimento e do Iluminismo, a fim de consagrar uma nova ideologia, que tiraria o poder político do domínio da religião.

Isso gerou expectativas de um progresso e de uma melhoria substantiva na vida das pessoas. Mas, como já vimos, essa nova classe operária trabalhava em jornadas de até 16 horas por dia, sem os direitos básicos que conhecemos hoje, como representação sindical, férias, décimo-terceiro salário, fundo de garantia e aposentadoria. No caso das mulheres, as condições eram ainda piores, pois todas foram tolhidas de participação política na sociedade e, além de não terem direito ao voto, ao divórcio, à educação igualitária, ainda eram "jogadas" no mundo do trabalho, concentradas sobretudo na indústria têxtil e de alimentação, ganhando em média um terço do salário dos homens, assediadas sexualmente pelos patrões e ainda prisioneiras do trabalho doméstico. Para Cecília Toledo no livro *Mulheres: O gênero nos une, a classe nos divide*, embora a mulher tenha sido "confiscada pelo capital", ela não foi libertada do trabalho doméstico.

> "O trabalho fora de casa, se por uma lado significou o início de sua libertação, já que unificou a mulher à classe operária e lhe deu assim as ferramentas para lutar contra o capital e por sua emancipação, por outro lado impôs a ela a duplicação da jornada de trabalho e, com isso, a duplicação de sua alienação como trabalhadora, uma vez que a mulher não é uma na fábrica e outra em casa; ela é um ser único, que exerce essas duas funções sociais." (Cecília Toledo, p. 39)

Ou seja, a incorporação das mulheres no recente sistema de industrialização permitiu a elas se enxergar como classe, contexto importante para pensarmos os espaços de socialização e de organização das lutas, mas, ao mesmo tempo, lhes impôs uma dupla jornada de trabalho e uma dupla alienação do seu trabalho. Não abordaremos aqui o caráter fundamental do trabalho doméstico para a reprodução da mão de obra, da manutenção da família operária (cozinhar, limpar, cuidar dos filhos), como trabalho fundamental para o capitalismo. Muitas teóricas apontam esse silêncio em *O capital*, de Karl Marx, incluindo Silvia Federici na obra *Ponto zero da revolução*. Atualmente, cresce a luta para o reconhecimento do trabalho doméstico no seio da família como fundamental ao trabalho produtivo e que precisa ser remunerado.

Pois essa jovem classe operária é que começa a se organizar em sindicatos e associações e promove jornadas de lutas pelos seus direitos. Um desses movimentos foi o dos cartistas ingleses, que, nas décadas de 1830 e 1840, exigiam redução das jornadas, melhoria das condições de trabalho e direito à participação política, além de reformas, expressas na chamada Carta do Povo, entregue ao Parlamento. Outro foi o movimento das *trade-unions* (nome dado pelos britânicos aos sindicatos), direito de representação obtido em lei votada pela Câmara dos Comuns em 1824. Conquistado o direito de livre associação, vêm à luz as uniões operárias, que, com o tempo, se tornaram bastante poderosas.

Enquanto isso ocorre na Inglaterra, também acontece na França a experiência da classe trabalhadora, diante dos impactos da Revolução de 1848, conhecida como Primavera dos Povos, que contagiou vários países da Europa. Já nos países colonizados, é a luta abolicionista que vai moldando a sociedade da época e a forma de organização e de luta das mulheres. Para a revolucionária, jornalista alemã e figura histórica do feminismo socialista, que propôs a criação do Dia Internacional da Mulher, Clara Zetkin (1857-1933):

> "(...) a revolução de fevereiro de 1848 imprime um forte impulso ao movimento feminino francês. Por todas as partes, surgem círculos femininos que se mobilizam pela equiparação política do sexo feminino. O movimento supera o contexto puramente político e o círculo de mulheres burguesas, que até então haviam sido as principais ativistas. As mulheres se organizam para a defesa de seus interesses na 'União de Mulheres Trabalhadoras', no círculo de lavadeiras e em outras associações de ofício. Também a imprensa se põe a serviço das mulheres. São numerosos os periódicos femininos, e alguns diários, que dão a conhecer entre as massas a questão feminina". (Clara Zetkin, *Mulheres em revolução*, p. 19)

Se lá atrás tivemos manifestações individuais, como a Declaração de Olympe de Gouges e o livro de Mary Wollstonecraft, aqui temos clubes, associações e uniões pelo direito feminino ao voto, estes organizados por mulheres mais ricas, e grupos de ofício para as mulheres da classe operária.

A luta pela educação, pelo divórcio e pelo voto teve caráter policlassista, ou seja, mulheres de diferentes classes fizeram passeatas e ações em comum para garantir esses direitos. Mas, enquanto algumas se contentaram com tratar apenas de direitos políticos e civis, as mulheres da classe trabalhadora participaram, junto com os homens de sua classe, das amplas jornadas de luta por questões trabalhistas. Lembrando que era preciso lutar no seio do movimento de mulheres para que a emancipação feminina não significasse o direito de mulheres explorarem outras mulheres e homens. Elas tiveram que batalhar no meio do movimento operário para terem direito à sindicalização, à participação e para que os recentes partidos da classe operária incorporassem as questões feministas em seus programas.

Entre as precursoras desse caminho da unificação das questões de gênero e de classe merece destaque a militante franco-peruana Flora Tristán, (1803-1844), que morreu muito jovem. Ela foi pioneira ao lançar o texto *União Operária*, de 1843, que propunha unidade de classe, incluindo mulheres, para enfrentar as mazelas do capitalismo. Filha de pai peruano e mãe francesa, ela foi avó do pintor Paul Gauguin.

A já citada Clara Zetkin foi fundamental nessa luta. Alemã, parceira de uma vida da revolucionária de origem polonesa Rosa Luxemburgo (1871-1919), foi a defensora do 8 de março como Dia da Mulher na II Conferência das Mulheres Socialistas e, hábil militante, conseguiu, junto com suas companheiras, no congresso de 1907, que a II Internacional Socialista assumisse que todos os partidos a ela filiados se comprometessem com a defesa do sufrágio universal.

A revolucionária russa e teórica do marxismo Alexandra Kollontai (1872-1952) foi militante bolchevique, ativista e intelectual, que debatia questões vinculadas ao amor livre e à liberdade sexual das mulheres. Desempenhou papel de destaque durante a Revolução Russa de 1917. Junto com militantes como Inês Armand e Nádia Krupskaia – esta última casou-se com Lênin quando ambos estavam presos na Sibéria –, Kollontai foi fundamental para a organização das mulheres trabalhadoras na Rússia. As três participaram das demonstrações pelo Dia Internacional das Mulheres, em 1917, o estopim da insurreição que derrubou o czar Nicolau II.

O livro *A revolução das mulheres*, organizado pela pesquisadora e tradutora do russo Graziela Schneider, traz uma série de artigos, panfletos, atas e ensaios de mulheres russas desde a metade do século XIX até depois da Revolução de 1917. *Mulher, Estado e Revolução*, da historiadora norte-americana

Wendy Goldman, especializada em estudos políticos sobre a Rússia, também pode ajudar a entender a história da organização das mulheres durante o czarismo, caracterizado por ser um regime absolutista repressivo em um país de economia semifeudal e com uma classe operária muito jovem concentrada em poucos centros industriais. A Revolução de 1905 começa a partir do trágico Domingo Sangrento, quando o czarismo reprime uma grande e pacífica massa que pedia pão e melhorias nas condições de vida. Muitas greves e mobilizações foram realizadas e surgiram os primeiros Sovietes, conselhos de operários e soldados. Todas essas manifestações, que culminaram na Revolução de Outubro de 1917, contaram com forte protagonismo das mulheres.

O material trazido por Graziela nos ajuda a entender o impacto de 1905 na organização das mulheres liberais, camponesas e trabalhadoras. Mostra que, superando as dificuldades de fazer as mobilizações de 8 de março sob o autoritarismo do regime czarista, as mulheres operárias, organizadas pelo jornal *A Trabalhadora*, conseguem se manifestar. Vemos como se desenvolve a busca incessante de tentar converter o sujeito social "mulheres trabalhadoras", que já haviam realizado greves, em sujeito político. Essa organização prévia foi determinante para o protagonismo das mulheres na luta final de 1917.

Em agosto de 1914, eclode a Primeira Guerra Mundial, quando milhões de soldados russos combateram e morreram nessa disputa imperialista de territórios entre as grandes potências. A Rússia estava junto com a Inglaterra, a França e com os Estados Unidos na chamada Tríplice Entente, lutando contra Alemanha, Áustria e Itália, a Tríplice Aliança. Imagine os martírios de uma guerra, as mortes, a fome, a penúria, o desespero das famílias. Inclusive, a guerra foi o motivo da ruptura da II Internacional fundada por Engels, já mencionada. O maior partido da Internacional, o Partido Social-Democrata Alemão, passou a defender a guerra e, rompendo com todas as deliberações anteriores, seus deputados votaram a favor da liberação de créditos de guerra. No mesmo dia, os deputados social-democratas da França também votaram a favor da guerra imperialista.

A ala de Rosa Luxemburgo, Karl Liebknecht, Clara Zetkin, Vladimir Lênin, Leon Trótski e outros poucos revolucionários e revolucionárias, defende que essa guerra é imperialista e, portanto, a classe trabalhadora deveria ser contra – e, na iminência dela, trabalhar para transformá-la em guerra civil revolucionária contra a burguesia de seus países.

Para o dia 23 de fevereiro de 1917 (8 de março pelo calendário ocidental), os partidos ativos na Rússia tinham programado discursos protocolares e agitações pelo Dia Internacional da Mulher. De forma espontânea, as mulheres da fila do pão começaram a bater panelas pela volta dos maridos e dos filhos, pelo fim da guerra, por pão para matar a fome. Essa atitude acaba por reunir uma multidão e, desse momento até os cinco dias seguintes, uma longa jornada de greves, passeatas e mobilizações derrotou o regime absolutista do czar Nicolau II. Essa é a fase democrática da Revolução e se desenvolveu até que, em outubro de 1917, o Conselho Geral do Sovietes dos Soldados, Operários e Camponeses tomou o poder, caracterizando a fase socialista da revolução.

Você pode imaginar que a história nesses oito meses valeu por anos e tem muito a ser dito sobre essa revolução, que mudou o século XX. Aqui, quero destacar o protagonismo das mulheres, que, mais uma vez, não vemos nas aulas nem nos livros escolares. Esse protagonismo fez com que a Rússia pós-revolucionária tenha sido um dos primeiros países a garantir o direito ao voto (no Brasil, em

1932), ao divórcio (no Brasil, em 1977), à construção de lavanderias e de creches públicas para tentar libertar as mulheres do trabalho doméstico. E não foi bondade da revolução. A organização prévia e o protagonismo das mulheres nas discussões sobre o futuro da revolução foram fundamentais para que se chegasse a isso.

Um ponto importante é que, na ausência dos maridos e filhos, as mulheres no período de guerra acabaram por assumir trabalhos em áreas da produção que eram tidos como masculinos, mostrando competência e aptidão nos demais setores, incluindo a atividade militar. Durante a guerra civil (1918-1921), quando os absolutistas, apoiados por países capitalistas, tentaram retomar o poder na Rússia, eles foram enfrentados e derrotados pelo Exército Vermelho, que também estava integrado por destacamentos e por pelotões de mulheres.

Mas, depois da morte de Lênin, em 1924, ocorreu uma luta política dentro do Partido Comunista e do Estado: Josef Stálin e outros derrotaram a oposição de esquerda no final dos anos 1920. Stálin assume o poder absoluto e aprofunda cada vez mais um processo de desmantelamento das conquistas revolucionárias, passando a restringir a participação dos trabalhadores, que tinham feito a revolução e lutado na guerra civil. Em 1932, entraram na mira as mulheres, sendo registrados vários retrocessos nas conquistas femininas. Foi suprimida a seção feminina do Comitê Central do PC e seus equivalentes nos diversos níveis de organização partidária, aboliu-se o direito ao aborto e, em 1934, voltou-se a proibir a homossexualidade. Stálin declarou em 1936: "O aborto que destrói a vida é inadmissível em nosso país. A mulher soviética tem os mesmos direitos que o homem, porém, isso não a exime do grande e nobre dever que a natureza lhe há designado: ser mãe da vida".

Apesar desses retrocessos, as mulheres soviéticas continuaram a cumprir papel primordial em momentos históricos decisivos. Na Segunda Guerra Mundial, na famosa batalha de Stalingrado (entre 23 de agosto de 1942 e 2 de fevereiro de 1943), em que se combatia casa por casa, as mulheres tiveram importante atuação militar. Lyudmila Pavlichenko (1916-1974), que integrou um grupo de 2 mil atiradoras de elite, é ainda hoje considerada a franco-atiradora mais bem-sucedida da história: teria eliminado 309 soldados nazistas. Estes disseram que na União Soviética a guerra era mais difícil, pois lutavam contra a população inteira, e não só contra a metade masculina dela. A vitória soviética em Stalingrado representou o início da derrota alemã na Segunda Guerra.

Até o momento, estivemos falando de alguns países europeus e do que foi a União das Repúblicas Socialistas Soviéticas (URSS), esse imenso território euroasiático, que hoje voltou a se chamar Rússia.

No continente americano, os Estados Unidos foram palco de importantes lutas femininas. Lá, as irmãs Grimké, Sarah (1792-1873) e Angelina (1805-1879), foram pioneiras em lançar luzes sobre a desigualdade de gênero. Elas haviam participado das lutas abolicionistas, mas, na Convenção Mundial Antiescravista, ocorrida em Londres em 1840, foram impedidas de falar por serem mulheres. Então, começaram a organizar o movimento de mulheres norte-americanas, convocando a Convenção de Seneca Falls (19-20 de julho de 1848), a primeira para tratar dos direitos das mulheres, na qual foi emitida uma Declaração de Independência das Mulheres. Nessa iniciativa, personalidades importantes foram Lucretia Mott (1793-1880), ativista e reformadora social *quaker*, que foi uma das mais influentes militantes do feminismo nos EUA, e sua discípula Elizabeth Stanton (1815-1902), importante na luta pelos direitos ao voto, à propriedade e à herança.

Em 1848, as duas convocaram uma convenção para julho daquele ano em Seneca Falls. O encontro reuniu cerca de 300 pessoas e nele foi redigida a Declaração de Seneca Falls, um marco na defesa dos direitos das mulheres nos EUA, embora a única cláusula não aprovada fosse justamente a do direito ao voto.

Ana Isabel Álvarez González, professora da Universidade de Oviedo, na Espanha, relata no livro *As origens e a comemoração do Dia Internacional das Mulheres* (p. 78), que as principais preocupações de Susan B. Anthony (1820-1906), outra importante liderança reformista estadunidense, ativa contra a escravidão, seriam poder gerir propriedades, salários, acesso à educação e o direito a destituir casamentos, "como em qualquer contrato de duas partes", muito mais que o direito ao voto. Mesmo assim, Susan Anthony e Elizabeth Stanton seguiram lutando pelo sufrágio universal.

O fim da Guerra de Secessão, ou Guerra Civil Americana (1861-1865), com a vitória da União contra os confederados escravistas do Sul, trouxe também o fim da escravidão no país e representou uma esperança para as mulheres que lutaram desde o início do movimento abolicionista.

Ao participar dos círculos de debates, reuniões e plenárias, acreditaram que o voto feminino viria com a Décima Quarta Emenda à Constituição. Não aconteceu: a emenda garantiu a participação política dos homens negros, enquanto o movimento feminista sofria uma cisão significativa. A importante ativista negra Angela Davis, no seu livro clássico e de fundamental leitura *Mulheres, raça e classe*, mostra que boa parte das sufragistas estadunidenses passou a se comportar de forma abertamente racista ao criticar o direito dos negros ao voto, já que as mulheres brancas abastadas não tinham direito de participação política. Até o início do século XX, o movimento foi marcado por criações e rupturas das associações em defesa do sufrágio. Essas informações podem ser encontradas também no livro já citado de Ana Isabel Álvarez González

Aqui nos importa destacar a crítica do feminismo negro à maioria liberal das feministas estadunidenses, que cumpriram efetivamente um papel racista depois do fim da Guerra da Secessão. No entanto, houve resistência de alas do movimento e uma das ativistas, a afro-americana Sojourner Truth (1797-1883), que nasceu escravizada, tornou-se uma das precursoras do feminismo negro.

Tendo fugido com uma filha em 1826, Truth foi emancipada no estado de Nova York, em 1827, por uma lei que aboliu a escravidão nos territórios ao norte do rio Ohio. Em 1828, depois de ir ao tribunal para resgatar seu filho, ela se tornou a primeira mulher negra a ganhar uma causa como essa contra um homem branco. Foi a primeira mulher negra a participar da Primeira Convenção Nacional dos Direitos das Mulheres em 1850. Pronunciou de improviso um discurso histórico em uma Convenção, em 1851, no qual abordou a opressão de raça e de gênero que sofria e, ao falar de si e de sua experiência, desvelou a condição da mulher negra, excluída dos debates feministas. Ela pede a palavra e faz a fala intitulada *Ain't I a Woman?* ("E eu não sou uma mulher?").

Achei importante dar a conhecer o discurso histórico da ex-escrava Sojourner Truth, retirado da *Cartilha Laudelina de Campos Melo* (Burigo, 2020), do curso da ONG Emancipa Mulher:

> "Posso falar algumas poucas palavras? Quero dizer umas poucas palavras sobre a questão. Eu sou o direito da mulher. Tenho músculos como qualquer homem e realizo tanto trabalho quanto. Arei e colhi e ceifei e debulhei, algum homem consegue fazer mais que isso? Tenho ouvido muito sobre a igualdade dos sexos; sou capaz de carregar tanto quanto qualquer homem e de comer também, quando

consigo comida. Sou tão forte quanto qualquer homem que vive. Quanto ao intelecto, tudo que posso dizer é, se uma mulher tem uma caneca e o homem um barril – por que a caneca não pode estar cheia?

Os senhores não precisam ter medo de nos dar nossos direitos por receio de que tomemos mais –, porque não vamos conseguir tomar mais do que cabe em nossa caneca. Os pobres homens estão todos confusos, sem saber o que fazer. Meus filhos, se os senhores detêm os direitos das mulheres, deem a elas e irão se sentir melhor. Os senhores terão seus próprios direitos, e eles não serão tanto problema.

Não sei ler, mas sei ouvir. Ouvi a Bíblia e aprendi que Eva levou o homem a pecar. Bem, se a mulher desconcertou o mundo, deem a ela a chance de colocá-lo no lugar. A Senhora falou sobre Jesus, de como ele nunca desprezou as mulheres, e ela estava certa. Quando Lázaro morreu, Maria e Marta foram até ele em fé e amor e imploraram que erguesse o irmão. E Jesus chorou e Lázaro saiu com vida. E como Jesus veio ao mundo? Através de Deus, que o criou, e da mulher, que o pariu. Homem, qual foi o seu papel? Mas as mulheres estão se levantando com as bênçãos de Deus e alguns homens se levantam com elas. Mas o homem está em uma situação difícil, o pobre escravo está próximo, a mulher se aproxima, e ele certamente está entre um falcão e um abutre". (Sojourner Truth, "E eu não sou uma mulher?")

Conta a história que Sojourner rebateu discursos de homens argumentando que as mulheres eram frágeis e precisavam que alguém abrisse para elas as portas das carruagens. Mas, ao combater a suposta "fragilidade feminina", na prática, explicitou as enormes diferenças entre mulheres brancas abastadas e mesmo as trabalhadoras, que não tinham carruagens a seu dispor e tampouco exploravam outras mulheres, mas que não sofriam as agruras da escravização, e a enorme violência contra a população negra.

A luta de massas terá outro impulso, com grandes passeatas, a partir de 1910. Para Carla Garcia, em *Breve história do feminismo* (p. 58) "o sufragismo inovou as formas de agitação", inventando manifestações, criando a interrupção dos oradores com sequências de perguntas sistemáticas, a greve de fome e muitas formas de protesto. Foram dez anos de luta intensa até que, em 1920, a ratificação da Décima Nona Emenda garantiu eleições com participação feminina nos EUA. Até hoje, milhões de mulheres continuam a exercer esse direito conquistado.

Mulheres e feminismo no Brasil na primeira onda

Como sabemos, no "descobrimento" do Brasil, houve um verdadeiro genocídio dos povos originários, com o propósito de submeter o país ao domínio português e atender ao mercado europeu. Nosso país foi palco de um massacre dos indígenas e foi um dos que mais utilizaram a escravidão no continente americano. Segundo o IBGE, foram mais de 4 milhões de homens, de mulheres e de crianças sequestrados de seus países na África e trazidos nos odiosos navios negreiros.

A crítica do feminismo negro sobre a condição de luta das mulheres escravizadas e o apagamento de suas formas de resistência ao abordar o feminismo é correta e urgente. Enquanto as mulheres pioneiras das ideias feministas no país falavam sobre educação, liberdade e direitos femininos, as mulheres negras lutavam junto com homens negros pela liberdade.

Não podemos esquecer que o Brasil foi o último país do planeta a acabar com a escravidão. Depois de séculos de luta e de pressão internacional, em 1888, findou legalmente um dos maiores crimes contra a humanidade cometido em nosso solo. Porém, acabou sem reparação histórica, jogando negros e negras nos cortiços e destinando-lhes as piores posições no mercado de trabalho. Sem nunca fazer justiça e punir os que se beneficiaram e enriqueceram às custas dos sofrimentos e das violências cometidos contra milhões de pessoas escravizadas. Nosso racismo estrutural também vem daí, e a luta por justiça histórica e contra o racismo é extremamente atual e necessária.

Pouco nos é contado sobre as revoltas coloniais. Gravamos datas e locais para as provas escolares, mas pouco sabemos das lutas e das resistências que existiram no país. E menos ainda sobre as mulheres nesses processos.

Recentemente, o papel de Dandara na resistência e no Quilombo de Palmares (que era localizado na Serra da Barriga, atualmente Alagoas) passou a ser discutido. Não se sabe onde ela nasceu, consta que ainda pequena teria se juntado ao quilombo. Foi guerreira e sabia sobre a arte da capoeira, foi companheira de Zumbi na luta pela libertação dos negros e das negras. Ao se deparar com a possibilidade de ser capturada em 1694, teria se jogado de um precipício.

Luísa Mahin, que foi mãe do poeta e advogado abolicionista Luís Gama, também não tem muito de sua história registrada. Aliás, praticamente nada. Nem data nem local de nascimento e morte. E o pouco que se conhece veio das memórias do filho. Apenas muito recentemente pesquisas têm sido feitas sobre sua existência. Não se sabe ao certo sua origem, mas estima-se que tenha vindo da Costa do Marfim, do povo mahí. Teria sido alforriada em 1812 e participado de várias insurreições ocorridas na Bahia no início do século XIX, incluindo a **Revolta dos Malês** 𝒫 ▶. Não se sabe se foi deportada para Angola ou se conseguiu fugir para o Maranhão, embora fosse intensamente procurada. Em 2019, conforme anúncio da Agência Senado, Dandara dos Palmares e Luiza Mahin foram inscritas no Livro dos Heróis e Heroínas da Pátria após o Projeto de Lei da Câmara nº 55/2017 ser aprovado e transformado na Lei nº 13.816/2019.

Muitas outras mulheres foram apagadas da história. Eu só soube da existência de Maria Felipa, Maria Quitéria e de Joana Angélica quando fui conhecer a Bahia em 2012. Foi então que soube da brava luta dessas mulheres, **uma tríade de heroínas** 𝒫 ▶ da Independência do Brasil, cujas vidas ainda são objeto de disputas e estudo, mesmo dois séculos depois do 2 de julho de 1823 – sobretudo quanto às duas Marias. Aliás, no caso de Maria Felipa, como de Dandara e Luiza Mahin, percebemos que o apagamento, promovido pelas elites, da luta dos negros e negras durante os séculos de escravização fez com que houvesse poucas pesquisas históricas e registros escritos sobre tais personalidades. Boa parte dos relatos sobreviveu pela história oral, o que deixa espaço para disputas e controvérsias no campo da historiografia.

🔗 REVOLTA DOS MALÊS

A Revolta dos Malês foi uma insurreição de escravizados que aconteceu na cidade de Salvador, Bahia, em 1835. Esta foi a maior revolta de africanos da história do Brasil e mobilizou cerca de 600 escravos, que marcharam pelas ruas da cidade, convocando outros escravos a se rebelar contra as forças do império, reivindicando liberdade religiosa – contra a imposição do catolicismo, pois os revoltosos professavam o credo muçulmano –, o fim da escravidão e a fundação de uma república islâmica no interior da província baiana. Esse episódio encheu de terror a população de Salvador. Uma cidade de 65 mil habitantes, sendo 80% negros e metade destes escravizados – em suma, uma população de 20% de brancos, precisando lidar com escravos instruídos, que dominavam a língua árabe, sabiam fazer contas e se recusavam a negar sua fé. O temor se propagou para o Rio de Janeiro e outras províncias, pois todos se lembravam da revolta dos escravos do Haiti (1804), que expulsaram os moradores brancos e esmagaram os que se recusaram a partir, criando por fim a primeira república fundada por escravos no planeta. Na Bahia, os revoltosos foram traídos e sua derrota representou grande mortandade, prisões e até deportações de revoltosos para a África.

Fonte: Referência sobre o tema é *Rebelião escrava no Brasil: A história do levantamento dos malês*, do historiador João José Reis.

🔗 UMA TRÍADE DE HEROÍNAS

As três mulheres abordadas a seguir foram declaradas Heroínas da Pátria Brasileira, pela Lei Federal nº 13.697, de 26 de julho de 2018, tendo seus nomes inscritos no Livro dos Heróis e Heroínas da Pátria, documento criado em 1992, que preserva os nomes de figuras que marcaram a história do Brasil. Ele se encontra no Panteão da Pátria, na Praça dos Três Poderes, em Brasília (DF).

Joana Angélica de Jesus (1761-1822), nascida em Salvador (BA), era freira da Ordem das Reformadas de Nossa Senhora da Conceição, tendo sido escrivã, mestra de noviças, conselheira, vigária e abadessa. No ambiente de lutas pela independência que ocorriam na Bahia, ela resistiu às tropas portuguesas que tentavam invadir o Convento da Lapa. Foi morta com um golpe de baioneta e é saudada como uma das heroínas da Independência, assim como mártir da fé pela Igreja Católica. Está sepultada na igreja e convento que defendeu com a própria vida.

Maria Felipa de Oliveira (????-1873), nascida na Ilha de Itaparica, ambicionada pelos portugueses por sua posição estratégica, sua história sobrevive pela narrativa oral. Consta que era grande e forte e chefiava um grupo de negras marisqueiras e pescadoras na ilha, cumprindo funções logísticas de alimentar e esconder resistentes ao poder português na Bahia. Nas histórias sobre ela, surge uma cena em que teria atraído soldados para uma praia e surrado os sujeitos com a planta cansanção – espécie de urtiga picante, com efeitos muito dolorosos. Dizem ainda que seu grupo teria cerca de 200 pessoas, incluindo indígenas das etnias Tupinambá e Tapuia, que teriam participado sob seu comando da queima de 42 embarcações portuguesas. Sua história continua em processo de pesquisa, mas, nos 200 anos da independência da Bahia, completados em 2023, foi homenageada em Salvador com uma estátua da artista soteropolitana Nadai Taquary, na Praça Cairu, bairro do Comércio.

Maria Quitéria de Jesus (1792-1853), nasceu em fazenda onde hoje é Feira de Santana e, em 1821, fugiu para a capital. Disfarçada com roupas de seu cunhado e se apresentando com o nome dele (José Medeiros), alistou-se no Batalhão de Voluntários do Príncipe, o Batalhão dos Periquitos, porque se vestiam de verde. Atuou no regimento de artilharia e foi alçada a 1ª cadete pelas ações de grande coragem. Em março de 1823, descoberto seu disfarce, recebeu novos trajes – saiotes – e, no mês seguinte, uma espada para seu uso pessoal. Recebeu do futuro imperador Dom Pedro I, no Rio de Janeiro, a Ordem do Cruzeiro, pela bravura demonstrada. Reconhecida por ter sido a primeira mulher a assentar praça nas Forças Armadas do Brasil, embora houvesse outros populares, incluindo mulheres, participando das batalhas contra as forças portuguesas.

Outros apagamentos são o da luta da classe operária brasileira pela conquista de direitos trabalhistas e, dentro desta classe, o do papel das trabalhadoras na luta por igualdade. A historiadora Glaucia Fraccaro, professora da Universidade Federal de Santa Catarina (UFSC), no importante estudo *Direito das mulheres: Feminismo e trabalho no Brasil* (1917-1937), resgata essas mulheres e suas reivindicações entre a primeira greve geral do país, ocorrida em junho-julho de 1917 e sob inspiração do ideário anarquista de trabalhadores italianos e espanhóis, e a decretação da ditadura do Estado Novo, por Getúlio Vargas, em 1937. Na obra, fica comprovado que a ideia de um feminismo vocalizado por mulheres das classes altas é acompanhada pelo apagamento histórico de grandes jornadas de luta e reivindicações protagonizadas pelas mulheres trabalhadoras. Mais que o direito ao voto, essas mulheres participaram das lutas com sua classe, dedicando-se à conquista de igualdade salarial e melhores condições de trabalho.

Na obra de Glaucia, encontramos a informação de que, no ano de 1917, 34% da força de trabalho industrial era feminina, estando concentrada na indústria têxtil, em que as mulheres eram maioria. Nessa época, era comum a organização por ligas operárias. A Liga Operária do Belenzinho, fundada em 1917, foi dirigida por Maria Antônia Soares, que em 2023 foi tema da dissertação de mestrado "Maria Antônia Soares: Vida e trajetória política de uma jovem anarquista (1898-1922)", apresentada à Universidade Federal de São Paulo (Unifesp) pela historiadora Maria Beatriz Silvério. A Liga Operária da Mooca, por sua vez, tinha base formada majoritariamente por mulheres. Elas eram importantes no Cotonifício Crespi, onde eram maioria.

A revolta e a greve geral de junho de 1917 começaram nessa empresa, onde 400 operários e operárias cruzaram os braços, exigindo aumento de salário e redução da jornada de trabalho. Assim, desataram um movimento que chegou a alcançar 50 mil pessoas – época em que São Paulo contava com 400 mil habitantes. A greve se estendeu por 30 dias. Primeiro, marcada pela repressão policial, ganhou o interesse da imprensa, acabou paralisando importantes setores da economia e se estendeu para o Rio de Janeiro e Porto Alegre. Foi a primeira greve geral do país, tendo sido iniciada por mulheres.

A greve continuou produzindo novas ações da classe em Campinas, Jundiaí e Santos. Em outubro de 1917, foi a vez de ocorrer na Tecelagem

Mariângela, do grupo Matarazzo, um levante grevista. As operárias reivindicavam 20% de aumento de salário. Nesse cenário de lutas, de ascenso e de vitórias da classe, é criada a Federação Operária do Estado de São Paulo, com adesões de trabalhadores de pequenas e médias fábricas também.

> "A bandeira 'salário igual para trabalho igual' constava dos princípios do Comitê de Defesa Proletária e, na Federação Operária de São Paulo, figurava uma proposta de licença depois do parto e a proibição de trabalho noturno para as mulheres. (...) Por outro lado, ao nos determos nas reivindicações das numerosas ações e piquetes que duraram poucos dias ou algumas horas depois de julho de 1917, é possível notar que as queixas mais comuns, mesmo em fábricas com grande número de mulheres empregadas, eram relacionadas ao abuso de mestres e aumento de salários." (Glaucia Fraccaro, 2018, p. 48)

Ao participar das greves com o conjunto da classe, as mulheres foram pautando o espaço público e construindo bandeiras de luta feministas, como igualdade salarial, licença-maternidade, fim do assédio sexual no trabalho, bem antes do que é considerado o início do feminismo no Brasil. Do mesmo modo, numerosas camponesas e operárias estiveram nas lutas abolicionistas e foram apontando caminhos para a emancipação das mulheres e da classe trabalhadora muito antes do que o registrado pela historiografia oficial.

A poeta e educadora Nísia Floresta Brasileira Augusta (1810-1985) foi uma das pioneiras na luta pela educação feminina. Era ligada às lutas abolicionistas, republicanas e feministas. Nasceu com o nome Dionísia Gonçalves Pinto, mas adotou o pseudônimo, Nísia Floresta, que hoje denomina o local onde ela nasceu, no Rio Grande do Norte. Foi uma das primeiras a publicar textos em jornais e, em 1832, publicou o livro *Direito das mulheres e injustiça dos homens*, que foi considerado uma tradução livre da obra "Reivindicação dos direitos da mulher" (1792), da britânica Mary Wollstonecraft, mãe de Mary Shelley, a criadora de *Frankenstein*.

A cientista Bertha Lutz é uma das mais conhecidas defensoras do sufrágio feminino, tida como uma das pioneiras do feminismo no Brasil. Ao estudar na Sorbonne, em Paris, conheceu as ideias do feminismo. Formada em Biologia, prestou concurso quando regressou ao Brasil, ingressando no serviço público. Articulou os primeiros movimentos organizados pelo direito ao voto das mulheres com a criação, em 1919, da Liga pela Emancipação Intelectual da Mulher e, posteriormente, da Federação Brasileira pelo Progresso Feminino (FBPF) na esteira de sua ida ao México, para figurar como representante do Brasil na Conferência Pan-Americana de Mulheres.

As estratégias do movimento passavam pela organização de mulheres em torno da campanha do sufrágio, usando os exemplos internacionais, por meio de cartas, reuniões e pressão sobre os parlamentares da época. Segundo Branca Moreira Alves e Jacqueline Pitanguy no livro *Feminismo no Brasil: Memórias de quem fez acontecer*

> "Não se conhece o número exato de militantes sufragistas atuantes nessas associações (que eram congregadas na FBPF), mas o total não passaria de umas mil mulheres. Apesar de poucas, porém, sua força política era significativa por sua posição social. Circulavam nas mesmas rodas da diminuta elite da época, educadas nos mesmos colégios das esposas, filhas, parentes ou vizinhas nos bairros nobres do Rio. Muitas eram esposas de parlamentares ou proprietárias de grandes fazendas, onde o voto se fazia a 'cabresto', em aberto, e sua influência sobre os empregados lhes dava um *status* a ser respeitado pelos candidatos locais. (...) Sua entrada livre nesses meios dava a seu trabalho de *lobby* uma força para além do mero número de militantes." (Alves & Pitanguy, 2022, p.71)

Se é verdade que já havia participação ativa de mulheres em outras lutas da época, também é verdade que a campanha pelo voto foi encabeçada por mulheres intelectualizadas e de classe média, como Bertha Lutz, e apoiada também por mulheres das elites proprietárias.

Estamos falando de um período de grandes mudanças. A jovem classe trabalhadora brasileira entra em cena, os impactos da Revolução Russa de 1917 fomentam a criação do Partido Comunista no Brasil, ocorrida em 1922, mesmo ano em que artistas e intelectuais promovem a Semana de Arte Moderna em São Paulo. E, por fim, a República Velha, do sistema do café com leite (alternância de poder entre as elites paulistas e mineiras), é derrubada pela chamada Revolução de 30, com o poder sendo entregue ao gaúcho Getúlio Vargas.

Antes disso, o Rio Grande do Norte incluiu o voto feminino em sua Constituição Estadual, a partir de proposta do advogado e político Juvenal Lamartine, apoiador da causa sufragista. A professora Celina Guimarães Viana (1890-1973) tornou-se a primeira eleitora inscrita no estado e no país. Também no Rio Grande do Norte, em 1928, a fazendeira Alzira Soriano (1896-1963) foi a primeira prefeita eleita na cidade de Lajes, com quase 60% dos votos.

Essa vitória teve repercussão nacional, fortaleceu as sufragistas, inspirou o alistamento feminino em outros estados e deu força para que a campanha prosseguisse, mesmo após a derrubada da prefeita Soriano e de todos os políticos com cargos no país, substituídos por interventores do Governo Provisório de Vargas. A pressão exercida sobre Vargas leva à instalação de uma comissão encarregada de debater o novo Código Eleitoral, orientada a discutir o voto feminino. Em 1932, enfim, é conquistado o direito ao voto pelas mulheres.

Em 1934, Carlota Pereira de Queiroz (1892-1982), médica formada em São Paulo, foi eleita deputada constituinte e deputada federal por São Paulo. Pertencente às elites paulistas, ela havia organizado e liderado um grupo de 700 mulheres para garantir assistência aos feridos durante a Revolução Constitucionalista de 1932. As elites cafeicultoras paulistas não queriam perder o poder político e criticavam o autoritarismo do Governo Provisório, que fechava os legislativos e intervinha nos estados. O conflito durou três meses e teve bastante participação feminina. As forças de Getúlio Vargas derrotaram a revolta e no ano seguinte, 1933, o país assistiu à instalação da Assembleia Constituinte, que contou com a presença da doutora Carlota, primeira mulher eleita, como fruto desse processo.

Bertha Lutz também se candidatou à Assembleia Nacional Constituinte pelo Partido Autonomista do Distrito Federal, mas não foi eleita. Ficou como primeira suplente e acabou assumindo a cadeira em 1936, por morte de seu titular. O mandato da cientista foi marcado pela defesa dos direitos das mulheres e da igualdade salarial. Bertha e Carlota, as pioneiras, foram próximas no início, mas se distanciaram quando ficou claro que os direitos das mulheres tinham pouco peso na agenda política da médica.

Em 1934, a professora e jornalista Antonieta de Barros (1901-1952) foi a primeira mulher negra a ser eleita deputada estadual em Santa Catarina. Ativa na luta sufragista, Antonieta era jornalista e filha de mãe que fora escravizada e pai trabalhador dos Correios. Entretanto, todos os mandatos foram interrompidos com a ditadura instituída do Estado Novo. A conquista do sufrágio durou menos de 5 anos.

Com o fim do Estado Novo em 1945, voltam as eleições. Julieta Battistioli, operária têxtil, é eleita suplente de vereadora em Porto Alegre em 1948 – era negra, operária e comunista. Nas décadas de 1940 e 1950, ela ajudou a organizar suas companheiras nas associações de mulheres comunistas, participando de congressos femininos e militando na Federação de Mulheres do Rio Grande do Sul. Também foi uma destacada líder sindical. Entre 1947 e 1951, assumiu a titularidade da vereança várias vezes. Em 1961, durante a Campanha da Legalidade, foi presa e recolhida à Penitenciária Estadual Feminina. Depois do golpe militar de 1964, afastou-se da política.

Hoje, apesar de todos os esforços, lutas e conquistas, a presença de mulheres no Congresso Nacional é inferior à média mundial. Em 2023, a participação parlamentar de mulheres no Brasil em nível federal é de 17,7% na Câmara dos Deputados e de 16% no Senado.

Passamos muito rapidamente por alguns exemplos de lutas em vários países. Não teríamos como falar de todos. Assim, ficamos com o recorte temporal do final do século XIX ao início do século XX, marcado pelas lutas por sufrágio universal, acesso à educação, normas legais favoráveis às mulheres. Décadas de combate até a conquista do direito ao voto; em muitos países (como no Brasil) o direito ao divórcio acontecerá só no período comumente associado à segunda onda do feminismo.

Até aqui, vimos que há diferenças entre os feminismos. Vimos também algumas precursoras do que costumeiramente se chama de feminismo liberal, feminismo socialista e feminismo negro, em unidade de ação por essas bandeiras, e cisões em temas relativos a classe e a raça. E não foram poucas essas cisões. O feminismo liberal nos EUA mostrou sua faceta racista quando uma revolução derrotou a escravidão e garantiu primeiro a liberdade e depois o voto dos negros. Vimos como as mulheres foram protagonistas da revolução russa, e de vários levantes e revoluções, como a Revolução Alemã, derrotada em 1923. Dessa derrota começou a emergir uma contrarrevolução: o nazismo, que tinha uma concepção absolutamente reacionária no que diz respeito ao papel das mulheres. Desde a ascensão do fascismo, e depois do nazismo, a partir da década de 1930 até o final da Segunda Guerra Mundial, em 1945, questões de gênero foram represadas. A humanidade precisava se libertar de uma ideologia de ódio, de assassinatos, de perseguição a judeus, a ciganos, a povos eslavos, a comunistas, aos LGBTs, para voltar a ver uma nova onda do movimento das mulheres.

A segunda onda

"Não se nasce mulher: torna-se mulher."
Simone de Beauvoir

Em termos de manifestações de rua e de atos públicos, a convenção mais aceita é de que a segunda onda do feminismo só começa nos anos 1960. Contudo, as bases teóricas para essa nova onda foram lançadas em 1949, quando a filósofa francesa Simone de Beauvoir (1908-1986) publicou seu livro *O segundo sexo*. Lembremos que, desde o final da primeira onda, as lutas feministas estavam em refluxo e fazia muito tempo que não aconteciam grandes mobilizações em prol de lutas que ficaram inconclusas.

O mundo havia saído recentemente da Segunda Guerra Mundial, o mais mortífero dos conflitos, em que um dos polos representava o capitalismo na sua fase mais apodrecida: a do nazifascismo. Durante a Guerra Fria, duas superpotências dividem a influência mundial em dois grandes blocos: EUA, como nova potência imperialista comandando o polo capitalista, e a União Soviética, liderando o polo "socialista".

Simone de Beauvoir, escritora e filósofa existencialista, já reconhecida por obras anteriores, lançou o mais acabado ensaio sobre a condição feminina publicado até então, no qual reflete sobre a situação social das mulheres, secundarizada pelos homens, e estuda as condições históricas, sociais, culturais e políticas que determinam o papel de cada gênero na sociedade.

Nesse sentido, a famosa frase de Simone de Beauvoir, ao dizer que ser mulher faz parte de um processo de construção social, e não depende apenas de nascer com um corpo feminino, já dá conta, e muito, das teorias feministas e de gênero: dos papéis sociais estabelecidos como femininos e como a sociedade vai nos impondo esse padrão.

As mulheres, na maior parte do mundo ocidental, já podiam exercer direitos políticos, estavam integradas ao mercado de trabalho – ainda que ganhando menos do que os homens – e tinham se somado ainda mais às atividades industriais consideradas masculinas antes da guerra. Muitas já frequentavam escolas, cursos superiores e ocupavam espaços nas artes, na cultura, nas universidades e na ciência.

O feminismo da segunda onda abordará questões quase intocadas na primeira, como a sexualidade e os direitos sexuais e reprodutivos, além de, finalmente, conseguir avançar sobre legislações importantes, como o direito ao divórcio.

Imagine uma mulher não poder prevenir uma gravidez indesejada, não poder usar uma minissaia, nem ser livre para se relacionar com quem quiser. Ou, mesmo se fosse casada, ser abusada sexualmente pelo marido... isso não seria crime? Ou querer se divorciar de uma relação ruim e não poder. Ou ser vítima de violência em casa e não ter nenhuma lei para ampará-la? As lutas da chamada segunda onda foram fundamentais para garantir liberdades e direitos que hoje parecem usuais, mas que tiveram que ser conquistados por meio de uma verdadeira revolução cultural.

Todavia, vamos ao contexto. O mundo recém-emergido da Segunda Guerra Mundial, dividido pelos Pactos de Potsdam e Ialta, era um mundo bipolar. Do lado capitalista, os imperialismos inglês e francês – em declínio e duramente afetados pelas guerras de libertação e pelas lutas anticoloniais dos anos 1950 –, e os EUA, a potência ascendente, convertida em líder do mundo capitalista. Do lado do chamado "socialismo real", a URSS e seus países satélites do Leste Europeu. A União Soviética, já burocratizada pela contrarrevolução estalinista, apesar das grandes perdas materiais e humanas sofridas, saiu fortalecida da guerra e se transformou na segunda potência mundial.

Uma geração inteira do mundo ocidental, a do chamado *baby boom* pelo enorme aumento da natalidade, cresceu vendo um capitalismo plastificado, reverenciando o consumo e tentando exportar o *american way of life* ou "estilo de vida americano" para o resto do mundo. Ao mesmo tempo em que milhões de jovens se viam sufocados pelos costumes conservadores vigentes.

No outro polo, o do socialismo burocratizado, a população sofria com a pobreza, com o controle e com a opressão do Estado totalitário. A sociedade, e especialmente a juventude, era sufocada por costumes conservadores e pela ausência de democracia. As mulheres, que haviam cumprido funções fundamentais durante a guerra, voltaram a ser bombardeadas pela ideologia do "retorno ao lar" e pressionadas pelos pilares conservadores da sociedade estalinista.

O medo de que a Guerra Fria se transformasse na "Última Guerra" assombrava toda a população do planeta. A corrida armamentista e a ameaça de uma guerra nuclear entre EUA e URSS estiveram presentes até a Queda do Muro de Berlim, em 1989.

Em 1963, nos Estados Unidos, Betty Friedan lançou seu livro *A mística feminina*, que encarnava o sentimento de frustração das mulheres brancas de classe média frente ao "retorno ao lar" e ao papel doméstico e familiar, tido como uma obrigação das mulheres. Para Carla Cristina Garcia "a autora afirmava de maneira clara que a nova mística convertia o modelo dona-de-casa-mãe-de-família em obrigatório para todas as mulheres". Em 1966, Betty fundou com outras colegas a Organização Nacional das Mulheres (NOW), que chegaria a ser uma das principais organizações feministas sob a perspectiva do feminismo liberal.

Além do conservadorismo político, estamos falando de um período histórico de segregação racial, de criminalização da liberdade de orientação sexual (em muitos países, as pessoas LGBTQIA+ eram condenadas e submetidas à prisão), de ausência de muitas liberdades para as mulheres: ainda prisioneiras do lar e do casamento, sem poder controlar a gravidez e presas ao tabu para falar de liberdade sexual.

O chamado macarthismo imperava nos EUA. Uma Subcomissão Permanente de Investigação do Senado, presidida por Joseph McCarthy, perseguiu professores, intelectuais, escritores, jornalistas, artistas, militantes e todas as pessoas consideradas "subversivas". Na onda da febre anticomunista e do moralismo altamente conservador que assolava a sociedade, a ordem era pregação contra qualquer movimento por liberdades democráticas.

É evidente que sempre houve resistência e contestação a essa sociedade retrógrada, mas foi só em 1968 que a resistência deixou de ser local para alcançar escala global. Na esteira de lutas anti-imperialistas, anticapitalistas e antiburocráticas, as lutas democráticas e por direitos civis ganharam impulso.

Anti-imperialistas porque uma das marcas do período foi o repúdio à Guerra do Vietnã, na qual os EUA intervieram militarmente, apoiando o regime capitalista e repressivo do Vietnã do Sul, em luta contra os comunistas da República Democrática do Vietnã do Norte, que, liderados por Ho Chi Minh, pretendiam a unificação do Vietnã como uma única nação independente. A intervenção militar estadunidense contra a independência do Vietnã foi altamente questionada em amplas mobilizações dentro e fora dos EUA.

A revolução chinesa de 1949, a cubana de 1959 e as crescentes lutas de libertação nacional eram insurreições que transbordavam o pacto de "coexistência pacífica" firmado em 1945, mas também foram combustível para os processos de mobilização e para as revoluções que estavam por vir em 1968.

Somavam-se às vozes anti-imperialistas as dos anticapitalistas, porque as críticas à sociedade de consumo e ao conservadorismo foram a tônica na parte capitalista do mundo nesse período. As lutas por direitos civis nos EUA ganharam corpo a partir de 1º de dezembro de 1955, quando a costureira Rosa Parks (1913-2005) se recusou a ceder seu assento no ônibus a uma pessoa branca para obedecer à lei segregacionista da cidade de Montgomery, no Alabama. Na campanha em defesa dela, o reverendo Martin Luther King seria um dos principais porta-vozes em luta contra a segregação racial. O reverendo seria assassinado em Memphis em abril de 1968, provocando mobilizações enormes em dezenas de cidades e ocupações de universidades dos EUA, em repúdio ao racismo.

Na França, os protestos de Maio de 1968 começaram como resposta à repressão contra os estudantes que haviam ocupado a Universidade de Paris-Nanterre com pautas iniciais como solidariedade ao Vietnã e críticas à estrutura conservadora da universidade. O movimento transbordou para uma poderosa greve estudantil, que arrastou a simpatia do movimento operário, a contragosto dos líderes burocráticos ligados ao Partido Comunista Francês. Inspiraram fortes lutas por reformas sociais na Alemanha, na Espanha, na Argentina, no Chile, quando foram lançadas as bases para a futura vitória eleitoral do socialista Salvador Allende.

No Brasil, a Passeata dos Cem Mil, organizada pelos estudantes, levou às ruas do Rio de Janeiro, em 26 de junho, nomes estrelados e cidadãos que protestavam contra a ditadura militar e em memória do jovem Edson Luís, assassinado em 28 de março durante protesto contra a presença de policiais militares no Restaurante Universitário (Calabouço). Na Cidade do México, aconteceu o Massacre de Tlatelolco, no dia 2 de outubro de 1968, quando as forças do governo abriram fogo contra a multidão, fazendo um número de vítimas até hoje indeterminado. O protesto era parte da onda mundial de manifestações do movimento estudantil, impulsionada pelo Maio de 68 na França. O protesto buscava transformações políticas e sociais no país, mas foi brutalmente reprimido e gerou grande comoção internacional por isso.

Tratava-se de gritos pelo poder popular, pela unidade operária juvenil e pelo sonho de construir uma sociedade distinta, a utopia de levar a Imaginação ao Poder – um dos *slogans* do levante estudantil francês. Ele diz muito sobre jovens e trabalhadores, que, na época, procuravam novas referências tanto na porção capitalista do mundo quanto no campo socialista. "O Maio de 68 é geralmente apresentado como um movimento estudantil, esquecendo que ocorreu então a maior greve geral da história da França", diz o ensaísta e ativista de esquerda João Bernardo em seu artigo "Estudantes e trabalhadores no Maio de 68".

Na França de 1968, o grupo trotskista JCR (Juventude Comunista Revolucionária) se converte em uma das grandes referências do processo. Se no mundo capitalista temos o Maio de 68 francês como ápice do grito de liberdade, do outro lado, a

Primavera de Praga e o levante do povo da Tchecos-lováquia contra o regime repressivo, controlado e sustentado pela União Soviética, mostraram o descontentamento com as regras impostas por Moscou e a demanda por reformas democráticas.

Em 5 de janeiro de 1968, Alexander Dubček (1921-1992), que havia se tornado líder do Partido Comunista local, é levado pelas massas a assumir o governo após meses de luta e de pressão interna, e começa um processo de democratização socialista. Ocorrem mudanças na matriz econômica, são concedidas liberdade sindical e de auto-organização, garantia de liberdades civis, abolição da censura e dos entulhos burocráticos anteriores. Era a Primavera de Praga, cujo programa estabelecia a igualdade de tchecos e eslovacos dentro do país. O povo experimenta uma revolução dentro da revolução e Praga volta a respirar com liberdade.

O líder do "Socialismo com Face Humana" é amplamente respaldado pela população. Mas logo os soviéticos reagem, temendo o efeito-exemplo e a mudança na divisão internacional da produção do bloco sob seu controle. Em 21 de agosto, tanques de guerra do Pacto de Varsóvia invadem Praga. Dubček é preso e mais cinco lideranças do processo, que são levados para Moscou. Após a volta a seu país, o ex-governante permanece no ostracismo, sendo admitido e logo demitido em trabalhos sem destaque, até soltar uma carta aberta, em 1974, negando suas ações e reconhecendo as teses soviéticas. Ainda ocorria o longo inverno implantado em Praga e em toda a Tchecoslováquia, que durou até 1990, quando o país se livrou do jugo dos soviéticos. Dubček faleceu em 1992, devido aos ferimentos em um acidente de automóvel, e a Eslováquia obteve pacificamente sua separação dos tchecos em 1º de janeiro de 1993, aderindo à União Europeia em 2004.

Apesar de tudo, 1968 falhou como processo de mudanças radicais na estrutura da sociedade – até porque os que jogavam com a imaginação e a auto-organização da juventude estavam posicionados contra enormes poderes mundiais. Contudo, embora a derrota desses processos tenha sido vista como a volta dos governos conservadores e a permanência dos aparatos burocráticos no bloco sob o poder soviético, o mundo jamais foi o mesmo depois da irrupção juvenil. Os costumes nunca mais foram os mesmos, nem a cultura. E as lutas democráticas ganharam um novo impulso – inclusive a luta das mulheres!

112 TUDO ISSO É FEMINISMO?

Já mais avançadas na participação política em comparação com as militantes da primeira onda, as mulheres estiveram na linha de frente das barricadas estudantis, nas passeatas, nas lutas contra a ditadura militar no Brasil e, nesse contexto de ampla efervescência, organizaram-se para reivindicar direitos. No seio do próprio movimento, mulheres que lutavam junto com os homens viram as dificuldades e os papéis secundarizados que recebiam no processo, e, muito inspiradas pelos movimentos de auto-organização dos negros e das negras por direitos civis, começaram a criar círculos fechados só de mulheres.

A filósofa italiana Cinzia Arruzza, no livro *Ligações Perigosas: Casamentos e divórcios entre marxismo e feminismo*, conta-nos episódios de organizações políticas posicionadas contra as demandas feministas no bojo das lutas da década de 1960 em vários países, como EUA, Itália e França. O episódio mais famoso apontado foi o *Documento de Posição* das mulheres do Comitê de Coordenação Estudantil Não Violento (SNCC), elaborado pelas ativistas e participantes do movimento, Casey Hayden e Mary King. O texto foi ignorado pelos membros masculinos do grupo quando apresentado. Tratava-se de uma reflexão, seguida de proposta de ação, sobre a divisão sexual dos papéis nos movimentos que pregavam mudanças revolucionárias na sociedade, mas seguiam um padrão: delegavam o papel de secretariar as reuniões às mulheres, enquanto as lideranças públicas eram majoritariamente masculinas.

As pautas feministas eram secundarizadas, como se fossem parciais. O que entrou para a história foi a resposta de Stokely Carmichael, naquele momento líder eleito para a presidência do SNCC (sigla em inglês do Comitê de Coordenação Não Violenta dos Estudantes), que, perguntado sobre o papel das mulheres no movimento, teria dito em tom jocoso "A posição das mulheres é de bruços". Segundo Cinzia (p. 76), "a frase foi pronunciada numa pausa depois de uma reunião e talvez devesse ser entendida mais como constatação irônica do que como enunciado normativo". Contudo, a passagem nos mostra o tamanho das dificuldades das mulheres para impor suas pautas no interior do movimento.

Cabe lembrar que Carmichael foi, posteriormente, um líder-chave no desenvolvimento do movimento Pantera Negra, tendo sido nomeado "Primeiro-ministro Honorário" do Partido Black Panther (BPP) e líder do All-African People's Revolutionary

Party (A-APRP), o Partido Revolucionário de Todos os Povos Africanos.

Nesse contexto, um fato entrou para a história de forma distorcida, ainda hoje usado como crítica ao feminismo: a histórica "queima dos sutiãs", que teria sido adotada pelas mulheres para denunciar o uso abusivo do corpo feminino em comerciais e revistas de moda, assim como a opressão estética sofrida pelas mulheres por causa da indústria da moda e dos cosméticos. Na verdade, as manifestantes jogavam os símbolos da opressão numa lata de lixo diante do local onde ocorria o concurso de Miss América de 1968. Os sutiãs nunca foram queimados, mas a mistificação ficou.

A escritora Dominique Fougeyrollas-Shwebel, em verbete sobre os movimentos feministas no *Dicionário crítico do feminismo*, aponta o seguinte:

> "O feminismo do fim dos anos 60 e começo dos anos 70 adquire, como no século XIX, amplitude internacional. A onda de choque parte dos Estados Unidos e chega muito rapidamente à Grã-Bretanha e à Alemanha, ainda na mesma década. A explosão estudantil de 68 é o terreno de propagação do feminismo, e a grande aparição pública do movimento norte-americano em 26 de março de 1970, para festejar os cinquenta anos do direito ao voto nos EUA, dá força aos movimentos europeus". (Fougeyrollas-Shwebel, p. 146)

Essa marcha nos EUA reuniu dezenas de milhares de mulheres e foi uma grande demonstração pública da latência das causas feministas, que já se expressavam nos protestos contra a Guerra do Vietnã, pelos direitos civis e nas passeatas juvenis. Todavia, a reunião de mulheres auto-organizadas como tal instila enorme potencial nas demandas e, de fato, funcionando como exemplo, espalha as reivindicações para todo o planeta. Logo depois, em 1971, é publicado na França o famoso manifesto "Eu abortei", com 343 artistas, intelectuais, pensadoras e anônimas que admitiram publicamente ter feito aborto – era ilegal na época –, a fim de pautar a descriminalização da interrupção da gravidez. O manifesto foi redigido por Simone de Beauvoir e abriu espaço para as discussões sobre a legalização do aborto nos anos seguintes. Desde 1975, a legislação francesa permite a interrupção da gravidez até a 12ª semana.

Nesse período, também se formaram pequenos círculos chamados "grupos de consciência", que reuniam mulheres auto-organizadas para debater questões pessoais. Com o mantra "O pessoal também é político" (conceito de 1969 da jornalista Carol Hanisch, fundadora do grupo Mulheres

Radicais de Nova York), essas reuniões debatiam questões como casamento, relação com maridos, sexo, violência conjugal etc. Eram espaços de liberdade das mulheres para falar abertamente sobre temas tidos como tabu.

Se para as grandes mudanças estruturais os pequenos grupos desse tipo seriam limitados, eles foram fundamentais para socializar experiências e desmistificar temas, como prazer sexual, ou identificar violência doméstica. A segunda onda do feminismo começou a pautar temas como estupro conjugal e outros. Assim, o *slogan* que deu *status* político a questões pessoais das mulheres foi fundamental para tirar da esfera individual a violência que se expressa entre quatro paredes e decorre de um modelo estruturado, milenar, de patriarcado.

Foi na década de 1960 que se deu o lançamento da pílula anticoncepcional, hoje tão acessível. Mas é possível imaginar a reação daqueles para os quais o papel da mulher é só procriação e, portanto, ela não teria direito a controlar seu ciclo de fertilidade para exercer sua sexualidade livremente. O que hoje é básico foi objeto de muito embate. E assim foi que, para as mulheres de todas as gerações, a pílula se tornou uma ferramenta importante de libertação sexual.

No tema sexualidade, devemos destacar que a Revolta de Stonewall, em 1969, representou um marco das lutas pela liberdade de orientação sexual e de identidade de gênero. Nesse momento, ainda havia a patologização de quem não estava enquadrado na dita "cis-heteronormatividade" e, em vários países, era considerado crime.

Stonewall Inn era um bar na cidade de Nova York, frequentado por *gays*, lésbicas, trans, bissexuais. Frequentemente, aconteciam violentas batidas policiais no local, que acabavam em prisão dos frequentadores. Em 28 de junho de 1969, os frequentadores se recusaram a ser agredidos mais uma vez e revidaram. Esse motim durou dias e potencializou profundamente a criação de entidades, associações e frentes de luta da comunidade LGBT+ (ainda longe de se chamar assim). Em determinado momento, o movimento teve entre suas lideranças a trans latina Sylvia Rivera (1951-2002) e a mulher trans negra Marsha P. Johnson (1945-1992), ambas faziam parte da Frente de Liberação *Gay* e fundaram o movimento Revolucionários da Ação Travestis de Rua, cujo foco era organizar moradia para jovens *gays* e travestis sem-teto. No ano seguinte, foi realizada a primeira Parada *Gay* em quatro cidades dos EUA. Em combinação com o ambiente geral explosivo em torno dos direitos civis, as mulheres lésbicas passaram a exibir com mais força suas bandeiras, sobretudo dentro do movimento feminino, mostrando a heteronormatividade do feminismo. E, claro, levaram suas bandeiras também para dentro do movimento LGBT+, para que não fossem invisibilizadas pelos homens *gays*.

O jornalista Gabriel Arevalo Galli, em conversas privadas, me recordou do "Stonewall do Brasil", ocorrido em 19 de agosto de 1983, na Revolta do Ferro's Bar, quando o Grupo de Ação Lésbica Feminista organizou um ato de protesto diante desse bar, que não existe mais no antigo endereço de São Paulo. Era tempo de muitas publicações independentes, incluindo o *Lampião de Esquina* (1978-1981) e o *Chana com Chana*. Este existia desde 1981, sendo publicado pelo Grupo de Ação Lésbica Feminista (Galf) – liderado por Rosely Roth e Míriam Martinho – e distribuído no Ferro's Bar, local de frequência lésbica desde os anos 1970. A circulação era esporádica; a produção, artesanal; o aspecto, de boletim. Até aquele agosto, quando as meninas se revoltaram contra o desrespeito manifestado pelos donos do bar: podiam entrar para consumir, mas eram impedidas caso tentassem vender o jornal lá dentro.

No mês anterior, jornalzinho nas mãos, as militantes do Galf foram ameaçadas de expulsão e resistiram. A presença da polícia garantiu a entrada delas, mas o *fanzine* não pôde ser vendido. Então, foi feita uma chamada para várias militâncias em apoio à manifestação de protesto organizada pelo Galf diante do Ferro's, que reuniu centenas de ativistas. *Chana com Chana* conquistou o direito de circular dentro do bar e seu último número saiu em 1989.

Evidentemente, o movimento de luta dos direitos das pessoas que não são heteronormativas cresceu muito de lá para cá. E passou por diversas conquistas. Caberia um livro, ou muitos deles, para contar a história das batalhas LGBTQIA+ e os desafios no presente. Aliás, para saber mais sobre o jornalismo daquela época, existe o esclarecedor artigo "Imprensa feminista pós-1974", de Elizabeth Cardoso, da Escola de Comunicações e Arte (ECA) da Universidade de São Paulo. Como nosso livro trata de mulheres, eu quis registrar a importância dos dois eventos Stonewall, o norte-americano e o brasileiro, para a luta das liberdades de orientação sexual e de identidade de gênero. E a potencialização das mulheres lésbicas, bi e trans a partir desse marco para, frente ao movimento feminista, mostrar as lacunas, as exclusões e a reprodução de um persistente padrão heteronormativo. Até hoje, o dia 28 de junho, o da Revolta do Stonewall dos EUA, é o Dia Internacional do Orgulho LGBTQIA+. E foi como referência à Revolta do Ferro's Bar, o evento em torno do jornal *Chana com Chana*, que o 19 de agosto foi proposto por várias ONGs como Dia Nacional do Orgulho Lésbico no Brasil.

Importante registrar ainda que, em 1975, a Organização das Nações Unidas determinou aquele ano como Ano Internacional da Mulher e incorporou o 8 de março como Dia Internacional das Mulheres. A partir daí, várias conferências internacionais sobre mulheres foram realizadas.

No Brasil, após as enormes passeatas juvenis contra a ditadura, em 1968, que contagiaram o país, os militares adotaram uma linha ainda mais repressiva, com o famoso Ato Institucional nº 5 de 13 de dezembro de 1968, que levou ao fechamento de jornais, da Câmara dos Deputados e do Senado, a prisões, torturas, assassinatos. Claro que houve resistência, e muitas mulheres participaram, tanto das passeatas quanto dos grupos clandestinos de luta contra a ditadura. Nesse contexto, era mais difícil a organização de mulheres com bandeiras de mulheres. Mas, mesmo assim, aconteceu, como nos lembra Ilze Zirbel em seu já citado *Ondas do feminismo*:

> "As ditaduras militares implantadas na América Latina (Paraguai, Uruguai, Argentina, Chile, Peru, Bolívia, Guatemala, República Dominicana, Brasil) intensificaram o conservadorismo e a violência, assim como a censura. Reuniões públicas foram proibidas ou eram vigiadas, impedindo a organização de muitos grupos. Por conta disto, a luta contra a ditadura foi um dos elementos centrais dos feminismos latino-americanos, assim como a luta por melhoria das condições materiais da vida das mulheres (...)". (Ilze Zirbel)

A terceira onda

Assim como há problematização em relação às ondas, existe, entre os que aceitam essa convenção, uma polêmica sobre se teria de fato existido uma terceira onda. Razão: esse momento histórico seria marcado por um refluxo das lutas sociais e das potentes ações mobilizadoras dos movimentos de mulheres.

A revolução cultural de 1968, como vimos, moldou o mundo tal como o conhecemos hoje. Os avanços nas liberdades democráticas, na cultura, na forma como exercemos a sexualidade são inegáveis. A virada para os anos 1980, entretanto, foi marcada por uma contrarrevolução econômica no mundo. Os ideólogos do neoliberalismo começaram a dar as cartas da economia mundial com a chegada de Margaret Thatcher ao cargo de primeira-ministra no Reino Unido em 1979 e com a eleição de Ronald Reagan à Presidência dos EUA em 1980. Na América Latina, a ditadura de Augusto Pinochet no Chile, iniciada com o golpe de 11 de setembro de 1973, que derrubou o socialista Salvador Allende, seria o laboratório inicial no continente, pois o Chile foi o primeiro país da região a adotar as premissas neoliberais, pouco tempo após o golpe militar.

Com pilares como a desregulamentação dos mercados, as privatizações, o Estado mínimo e uma ideologia extremamente individualista, vamos vendo se ampliarem, pouco a pouco, as empresas privadas nos serviços públicos e a presença das grandes empresas transnacionais. Com a desregulamentação da economia, as multinacionais começam a buscar mão de obra mais barata em países do Terceiro Mundo e a fragmentar sua própria produção. Os bancos se fortalecem e aumentam a venda de ativos financeiros, muitas vezes sem lastro na realidade. As mudanças provocadas no universo do trabalho, com a divisão das grandes fábricas em pequenas unidades e a adoção de tecnologia, leva muitas categorias profissionais a passar pela chamada "reestruturação produtiva", marcada por demissões de trabalhadores e pelo fechamento de milhares de postos de trabalho.

Ideologicamente, a **Queda do Muro de Berlim** 𝒫 ▶ em 1989, depois de longa luta por liberdades democráticas na Alemanha Oriental, com apoios internacionais, não significou um novo modelo pautado pelas demandas populares, mas uma restauração capitalista. Isto, somado ao enfraquecimento da classe trabalhadora e de seus organismos, gerou uma crise das ideias comunistas e socialistas em âmbito internacional. A ideologia individualista começa a penetrar com força no movimento de massas, com o "faça você mesmo, seja um empreendedor", evoluindo no mesmo passo que as taxas de desemprego, que chegam a níveis estratosféricos.

Com a Queda do Muro de Berlim, vários ideólogos conservadores passaram a dizer que a história tinha acabado – assim como também teria acabado o movimento feminista. Segundo a narrativa,

🔗 QUEDA DO MURO DE BERLIM

A derrubada do Muro de Berlim, na noite de 9 de novembro de 1989, marcou o fim da Guerra Fria e a reunificação da Alemanha. O Muro de Berlim, que dividia a cidade em duas partes desde 1961, foi derrubado pelo povo nas ruas, que, apesar do adiantado da hora (quase meia-noite), se reuniu em massa na fronteira entre as duas partes da mesma cidade. Esse evento histórico simbolizou o colapso do sistema estalinista no Leste Europeu e teve impacto significativo não apenas na Alemanha, mas também na geopolítica planetária, representando o início do fim do regime estalinista da União Soviética. Infelizmente, a Queda do Muro não significou uma transformação somente positiva da Alemanha e do antigo Bloco Soviético. Apesar de terem conquistado liberdades democráticas no terreno civil, os países da ex-URSS restauraram o capitalismo como modo de produção vigente, sob controle das antigas burocracias que controlavam o Estado, agora convertidas em grandes empresários e banqueiros, dedicados a explorar o povo trabalhador para manter seus privilégios econômicos.

as mulheres já haviam conquistado seus direitos, logo, o feminismo havia terminado. Ilze Zirbel relembra que Rebecca Walker lança em 1992 um texto falando das desigualdades ainda presentes na sociedade e convoca as mulheres a concretizar a terceira onda de luta. A partir daí, "feministas estadunidenses passaram a descrever as décadas seguintes como pertencentes a esta terceira onda" (p. 21), diz a professora. Nesse ano, durante entrevista concedida à revista *Ms.*, Rebecca Walker afirmou: "Eu sou a terceira onda", referindo-se ao seu ativismo feminista.

Vale a pena lembrar: Rebecca é filha do advogado de direitos civis Melvyn R. Leventhal e da poeta e escritora feminista Alice Walker, autora do romance *A cor púrpura*, que o diretor Steven Spielberg levou para as telas em 1985, conquistando dez prêmios Oscar no ano seguinte. O casal morou em Jackson, sofrendo ameaças e perseguições da população por ser o único formado por um branco e uma negra em todo o estado do Mississipi. Rebecca nasceu na mesma cidade.

O contexto histórico é importante para entender o que significou o refluxo das lutas reivindicatórias da época. O desemprego estrutural, a queda do Muro e a dificuldade de achar modelos alternativos ao que vigorava na Guerra Fria influenciaram enormemente a possibilidade de ação independente da classe trabalhadora. Então, foi quase natural que o feminismo deixasse as ruas e enveredasse para o debate teórico nas universidades.

Esse momento histórico é marcado por uma explosão da produção teórica, que vai sistematizar as lutas anteriores, até então invisibilizadas pela narrativa oficial branca, heteronormativa, binária e de classes altas envolvidas em feminismos diversos. Em conversa privada, Joanna Burigo me alertou sobre os riscos de definir como "estáticas" as vertentes do feminismo ou de pensar em vertentes fechadas, herméticas, como se elas não estivessem em movimento, assim como a própria luta das mulheres. Por sugestão dela, li *Feminismos: Uma história global*, da historiadora britânica Lucy Delap, que apresenta a expressão "feminismo em mosaico" para tratar da pluralidade do movimento, dos encontros e desencontros da história de mulheres em luta – um movimento que remonta a séculos e está, com suas singularidades, presente em todos os continentes, com avanços e limitações, exclusões e contradições.

A proposta de Lucy Delap é apresentar uma história global para demonstrar que há décadas existem diferentes pontos de partida para uma história do feminismo. Um exemplo:

> "[podemos tomar] como um momento feminista originário a Conferência de Mulheres de Rashid (Roseta) de 1799, na qual um grupo de mulheres egípcias, radicalizadas por protestar contra a invasão francesa de Alexandria em 1798, se reuniu para discutir a situação familiar e as condições de emprego das mulheres". (Lucy Delap)

Outro ponto de partida pode ser encontrado em 1792, em Serra Leoa, na costa oeste da África, quando foi conferido o direito de voto às mulheres da população originária do país – "direito que foi perdido quando Serra Leoa se tornou colônia da coroa britânica, em 1808", esclarece a autora. Creio que, para estudar uma história universal, a historiadora britânica oferece uma boa base; e, ao problematizar os encontros e desencontros desses feminismos (incluindo a origem do termo), muito mais do que uma narrativa de cisões, mostra a complexidade dos vários movimentos de mulheres.

Não sou especialista nessa discussão epistemológica sobre os feminismos. Muitas teóricas, militantes e ativistas têm se debruçado sobre as "vertentes" ou "correntes" feministas. Mais do que enveredar pelos conceitos, que se encontram já problematizados na academia e fora dela, prefiro a honestidade com os leitores. Tenho concepção marxista, que vejo como ciência, movimento e teoria. E me organizei como militante socialista antes de me identificar com o feminismo. Mas foi estudando e sentindo a opressão na minha condição de mulher branca (portanto, privilegiada) cis, hétero, que passei a me interessar por estudos de gênero. Nunca me associei à ideia de que debater gênero dividia o movimento de classe. E tampouco me associei à ideia de ver o movimento de mulheres descolado do contexto social, econômico e político. Como afirmei nas Primeiras Palavras, há 20 anos, quando comecei a militar, éramos poucas, e todo o conteúdo deste livro faz parte de reflexões e aprendizagens desse acúmulo. Aprendizagens que seguem em curso na leitura e na ação.

Sobre os feminismos diversos, a explosão de sistematização, ou de produções teóricas, permitiu sair de uma narrativa oficial do chamado "feminismo liberal", tendo como porta-vozes mulheres de classe alta europeias e estadunidenses em busca de ampliação da presença feminina no poder político e/ou econômico, mas ainda dentro dos marcos do capitalismo. Embora não seja canonizada, a expressão "feminismo liberal" aparecerá muito em textos e livros. Hoje em dia, talvez fosse melhor tratá-lo como" feminismo neoliberal", incorporado no bloco de poder que a filósofa e palestrante Nancy Fraser chama de "neoliberalismo progressista".

O acúmulo teórico da terceira onda veio das contribuições que permitiram, ao tempo presente, obter a organização das lutas anteriores em sistematizações conceituais: feminismo negro, transfeminismo, feminismo indígena, feminismo asiático, feminismo lésbico, entre outros, cada qual e todos ganhando potência e força.

Vale lembrar o caso das mulheres trabalhadoras, que, mais que com o sufrágio, estavam preocupadas com a luta por melhores condições para sua classe e por se libertar da superexploração do capital – questões ignoradas e invisibilizadas pelo feminismo liberal. Também, no seio do movimento associativo de trabalhadores e de partidos de classe, as mulheres ouviam que a "questão da mulher" dividia a luta e que toda a opressão seria magicamente resolvida com o fim do capitalismo. As mulheres negras, por seu lado, não eram representadas por um feminismo branco, insensível às questões concretas da superexploração das mulheres racializadas. Estas, embora participassem das lutas antirracistas com os homens negros, também enfrentavam resistência no interior desse mesmo ativismo.

As mulheres trans tiveram que lutar no seio do movimento LGBTQIA+ e, ainda, contra a transfobia presente em parte do movimento de mulheres cis. Até hoje, as mulheres trans enfrentam a dura realidade de viver no país que mais mata travestis e transexuais no mundo e de "aceitar" uma estimativa média de vida de 35 anos, quando a média no país é de 72 anos. As indígenas, com séculos de história de resistência frente ao colonizador do passado e suas violências, precisam estar atentas ao genocídio do presente, ao avanço da mineração ilegal em suas terras, à ameaça do marco temporal – proposta legislativa para limitar o direito à terra apenas aos indígenas que provassem sua presença nela antes da vigência da Constituição de 1988 (Já derrotada pelo STF como inconstitucional) – e à sanha da bancada do atraso, que tenta se apropriar dos territórios indígenas. A primeira mulher para as indígenas é a Mãe Terra. Há ainda as lutas das mulheres lésbicas pela sua orientação sexual, em prol de questões específicas de saúde, dentre tantos temas. Devemos falar na questão das violências contra as mulheres com deficiência, na atenção às assexuadas, às bissexuais. Todo esse acúmulo é fruto dos avanços teóricos da terceira onda.

Aliás, você também já deve ter ouvido falar da filósofa norte-americana Judith Butler. Bastante atacada pela extrema-direita na atualidade, Butler chegou a ser perseguida e injuriada verbalmente no Aeroporto de Congonhas quando embarcava em São Paulo, em novembro de 2017, depois de participar de um evento no Brasil, organizado pela Universidade de São Paulo e pela Universidade de Berkeley, onde ela leciona. Também houve protestos contra e a favor de sua presença no local da palestra dias antes.

Judith é professora, filósofa e pesquisadora que fez enormes contribuições ao feminismo contemporâneo, sobretudo no livro *Problemas de gênero: Feminismo e subversão da identidade* (1990), questionando a heterossexualidade compulsória e a distinção entre sexo e gênero, além de abordar a noção de "construção variável da identidade". A obra de Butler é fundamental na consolidação da teoria *queer*, como aponta a transfeminista Helena Vieira no artigo "Afinal, o que é Teoria *Queer*? O que fala Judith Butler?".

O feminismo negro, muito anterior à sistematização do termo, está presente na ação secular das mulheres negras. Para Carla Zanella, no curso "Feminismos cruzados", da organização Emancipa Mulher, a sistematização do conceito ganha força no calor dos debates dos anos 1960 e 1970. O capítulo IV do livro *Mulheres, raça, classe*, de Angela Davis, aborda a história da virada racista do feminismo branco estadunidense e das pautas das mulheres negras, mais representadas pelos homens negros, que lutavam com elas por direitos civis. Davis trata também do debate sobre o direito ao trabalho, diferente para as mulheres brancas e para as mulheres negras, sempre expostas à exploração, inclusive como domésticas nas casas das mulheres brancas. Zanella cita mulheres expoentes do feminismo negro em sua aula, como Audre Lorde, bell hooks (pseudônimo sempre em minúsculas de Gloria Jean Watkins), Patricia Hill Collins e a brasileira Lélia Gonzales, dando destaque para a professora e ativista Bárbara Smith, mulher, negra e lésbica.

Já no final da década de 1980, veremos nascer o conceito de interseccionalidade, que Heloísa Buarque de Hollanda apresenta com surpresa no livro *Pensamento feminista: Conceitos fundamentais* "Curiosamente, a primeira vez que o termo (...) foi usado, com o sentido que o feminismo empregou, deu-se na área jurídica". Embora as ativistas do feminismo negro tivessem introduzido na academia suas questões nas duas décadas anteriores, foi Kimberlé

Crenshaw, advogada, professora universitária na UCLA e na Colúmbia, em Nova York, e especialista em questões de raça e gênero, que sistematizou o conceito em 1989 ao tratar de um caso contra a General Motors. Uma mulher negra chamada Emma DeGraffenreid candidatou-se a uma vaga de trabalho na empresa. Ao não ser selecionada, processou a GM por discriminação. Em sua defesa, a empresa argumentou que cumpria uma política de seleção de gênero e de raça, mas se constatou na investigação que a política de raça contratava apenas homens negros e a de gênero, apenas mulheres brancas.

Crenshaw aborda, especificamente, a forma como o racismo, o patriarcado, a opressão de classe e outros sistemas discriminatórios criam desigualdades básicas que estruturam as posições relativas de mulheres, raças, etnias, classes e outras. Além disso, "a interseccionalidade trata da forma como ações e políticas específicas geram opressões que fluem ao longo desses eixos, constituindo aspectos dinâmicos ou ativos do desempoderamento", registrou ela no texto de poucas páginas em que expôs o conceito em 2002: "Documento para o Encontro de Especialistas em Aspectos da Discriminação Racial Relativos ao Gênero", cuja tradução foi publicada

134   TUDO ISSO É FEMINISMO?

na revista *Estudos Feministas 177,* da Universidade Federal de Santa Catarina.

Assim como Zanella em seu curso da ONG Emancipa Mulher, Heloísa Buarque de Hollanda reúne na obra mencionada artigos de mulheres que são fundamentais, embora com postulações divergentes, nos debates de gênero e dos feminismos, como Audre Lorde, Donna Haraway, Gayatri Spivak, Joan Scott, Lélia Gonzales, María Lugones, Monique Wittig, Nancy Fraser, Patricia Hills Collins, Sandra Harding, Silvia Federici, Sueli Carneiro e Teresa de Lauretis.

Fica a indicação de leitura, pois não temos como abordar as contribuições de cada uma neste livro. Destaco a importância do trabalho de Patricia Hill Collins em *Pensamento feminista negro,* publicado em 1990 e lançado no Brasil em 2019, e em *Interseccionalidade,* elaborado por ela junto com Sirma Bilge e traduzido para o português em 2021. A aula de Joanna Burigo sobre o feminismo interseccional, no curso já citado da ONG de educação popular Emancipa Mulher, traz o caso concreto, ocorrido na General Motors (GM), que levou Kimberlé Crenshaw a engendrar a tese jurídica da interseccionalidade, e aborda os princípios da obra de Collins & Bilge sobre o tema.

"Pessoas comuns fazem uso da interseccionalidade como ferramenta analítica quando percebem que precisam de estruturas melhores para lidar com problemas sociais. Nas décadas de 60 e 70, as ativistas negras estadunidenses enfrentaram o quebra-cabeça que fazia suas [demandas] relativas a trabalho, emprego e acesso à saúde simplesmente fracassar nos movimentos antirracistas, no feminismo e nos sindicatos que defendiam os direitos da classe trabalhadora. Cada um desses movimentos sociais priorizou uma categoria de análise e de ação em detrimento de outras: por exemplo raça no movimento de direitos civis; gênero nos movimentos feministas; classe no movimento sindical. Considerando que as afro-americanas também eram negras, mulheres e trabalhadoras, o uso de lentes monofocais para abordar a desigualdade social deixou pouco espaço para os complexos problemas sociais que elas enfrentam. As questões específicas que afligem as mulheres negras permaneciam relegadas dentro dos movimentos, porque nenhum movimento social iria ou poderia abordar sozinho todos os tipos de discriminação que elas sofriam. As mulheres negras usaram a interseccionalidade como ferramenta analítica em resposta a este desafio". (Collins & Bilge, p. 17)

Gosto dessa citação, porque dá os devidos méritos ao conceito tão falado atualmente: nasceu da vivência e da luta das mulheres negras muito antes da sistematização conceitual. Também porque nos dá a dimensão prática de três opressões concretas sofridas pelas mulheres negras e sobre as dificuldades enfrentadas por elas em cada um dos movimentos – leia-se sindical, feminista e antirracista – para conseguir os cruzamentos e as sobreposições que permitissem uma ação totalizante. Para Joanna Burigo, são ideias centrais da interseccionalidade: desigualdade, relacionalidade, contexto social, justiça social, poder e complexidade. Sendo muito sintética, acho que essa ferramenta tem que nos ajudar a pensar as intersecções das opressões e as questões estruturais que as determinam.

Na obra *Explosão feminista*, outra de autoria da professora Heloísa Buarque de Hollanda, é possível encontrar as várias representações do que ela define como feminismo da diferença, escrito por mulheres escolhidas por "pura afinidade eletiva", mas que se identificam com os feminismos ali apresentados.

Como já disse anteriormente, identifico-me com o feminismo marxista, sobre o qual o já mencionado curso Feminismos Cruzados também apresenta excelente aula, ministrada por Luciana Genro, fundadora do PSOL, dirigente do MES (Movimento Esquerda Socialista) e atualmente deputada estadual no Rio Grande do Sul. Nessa aula, pode-se ter acesso a um dos temas centrais aportado pelas mulheres ao marxismo: o da reprodução social. A segunda videoaula, além de trazer uma apresentação do livro *O calibã e a bruxa*, de Silvia de Federici (com mais profundidade do que tratei no capítulo 2), aborda o significado da definição de "derrota histórica das mulheres" na transição do feudalismo para o capitalismo, explicando didaticamente como o trabalho da reprodução social é fundamental para o capitalismo. Nesse modo de produção, a força de trabalho é a mercadoria mais valiosa (as pessoas precisam vender seu trabalho para viver) e o trabalho realizado por mulheres, "não pago ou mal-pago", é precioso para reproduzir a vida e baratear o valor da força do trabalho.

Vamos com calma aqui, mas, verdadeiramente, recomendo que você assista à aula. O que é reprodução social? É todo aquele trabalho indispensável para a vida humana, a própria reprodução da espécie, os cuidados dedicados aos bebês, à alimentação, ao cuidado com os idosos, à manutenção da casa, das roupas etc. Claro que, atualmente, a luta feminista já avançou um pouco, temos mais homens que compartilham esse trabalho, mas não foi sempre assim. E ainda é tido como responsabilidade feminina na ampla maioria dos lares. Em geral, são as mulheres que cuidam dos filhos; as filhas que cuidam dos idosos, realizando um trabalho não pago – ou, quando contratam alguém para fazê-lo, é uma trabalhadora doméstica, uma cuidadora; mulheres, majoritariamente negras no Brasil e imigrantes nos EUA. Um trabalho mal-pago para realizar essa atividade, que é "preciosa" para o capitalismo.

Para explicar por que é preciosa, Luciana Genro vai até Marx, com a descoberta dele no livro I (edição Boitempo, 2011) de *O capital*: Crítica da Economia Política: "O processo de produção do capital", que versa sobre o funcionamento do capitalismo. Marx define que o que gera valor nas mercadorias é o tempo de trabalho. A jornada de trabalho remunerada é feita em dois momentos ou combinação de duas jornadas: a do valor da força de trabalho, que deve garantir os meios de subsistência para reproduzir a própria força de trabalho (ou seja, o salário para que a pessoa possa viver); e a do trabalho excedente, aquele que continua produzindo valor nas mercadorias, que será o lucro do capitalista: o mais-valor (conhecido como mais-valia). Assim, quanto mais barato for o custo de vida do trabalhador, mais lucro para o capitalista.

A importância do trabalho reprodutivo rebaixa o salário e dá condições para a reprodução social da valiosa mercadoria chamada força de trabalho. Mesmo que a mulher também trabalhe fora (ganhando menos que os homens), o trabalho em casa ainda é tido socialmente como obrigação das mulheres. Chamamos isso de dupla jornada de trabalho, embora o trabalho doméstico não seja pago ou seja mal-pago. Mas essa é a lacuna em Marx e Engels, que abordaram com qualidade e profundidade o trabalho produtivo (aquele que gera valor), mas ignoraram o trabalho reprodutivo, que foi apontado por muitas mulheres marxistas, com destaque para Silvia Federici em *O ponto zero da revolução*.

Essas são contribuições fundamentais do feminismo marxista para explicar como o patriarcado é estrutural no modelo capitalista. Quando a lógica é o lucro, proveniente da exploração do trabalho, quem vende sua força trabalho (porque não tem outra alternativa) é indispensável tanto para seguir produzindo riqueza quanto para que as pessoas possam nascer, crescer, se alimentar e vender sua força de trabalho. E, no caso, trata-se das trabalhadoras e dos trabalhadores. Reconhecer o trabalho reprodutivo como vital para o produtivo é fundamental para entender que, no modelo capitalista, todos nós (pessoas desprovidas dos meios de produção) somos entendidos como mercadoria. Só que as mulheres ainda são mais expropriadas. Portanto, para ser consequente com a ideia de igualdade, a luta contra o patriarcado deve ser anticapitalista.

Você deve ter observado que o método de análise que eu utilizei foi o contexto econômico da luta entre as classes e a situação das mobilizações das mulheres. Mesmo tendo a minha perspectiva, tentei ser fiel às histórias de várias mulheres de outras vertentes e a suas contribuições, assim como procurei dar indicações de leitura para quem quiser conhecer outras perspectivas. O feminismo e o marxismo tiveram momentos de "casamentos e divórcios", como coloca Cínzia Arruzza. Todavia, é inegável a contribuição teórica e política de Engels, Marx, Bebel, Zetkin, Kollontai para primeiro desnaturalizar a opressão histórica e depois, já com mulheres à frente, disputar, no seio das organizações de classe, as pautas de gênero e, no movimento de mulheres, as questões de classe. Assim, toda a produção teórica e atual de Nancy Fraser, Angela Davis, Silvia Federici, Cinzia Arruzza, sem contar a militância aguerrida das mulheres classistas no cotidiano das lutas e dos movimentos sociais e populares, todas elas agregam valor à luta das mulheres.

Mais do que divergências, é preciso buscar as convergências. E creio que a concepção do feminismo dos 99% contra 1% – o manifesto-desafio do trio Arruzza, Bhattacharya e Fraser – pode ser capaz de reunir as mulheres em um programa global que dê conta da diversidade das opressões. Isto se daria com uma totalidade programática em busca de uma saída coletiva, compreendendo a ampla maioria da população, para os males perpetuados por esse modo de produção – o capitalismo, que as autoras do manifesto consideram estar na base de todas as crises. O manifesto delas, conforme a apresentação dos editores, diz respeito a um "feminismo anticapitalista, antirracista, antiLGBTfóbico e indissociável da perspectiva ecológica do bem viver".

E no Brasil?

Já citamos trabalhos de Branca Moreira Alves e Jacqueline Pitanguy, assim como os da professora

Heloísa Buarque de Hollanda, porém, além delas, gostaria de destacar o papel de Sueli Carneiro, com a criação, em 1988, do Geledés – Instituto da Mulher Negra. Trata-se de organização não governamental de apoio a mulheres e negros "por entender que esses dois segmentos sociais padecem de desvantagens e discriminações no acesso às oportunidades sociais em função do racismo e do sexismo vigentes na sociedade brasileira", informa a ONG em seu portal (geledes.org.br).

Além disso, o artigo de Sueli "Enegrecer o feminismo: A situação da mulher negra na América Latina a partir de uma perspectiva de gênero" é fundamental para avançar nas contribuições que dizem respeito às mulheres negras do Sul global latino-americano.

Vale agregar, ainda, o papel das brasileiras Lélia Gonzalez e Heleieth Saffioti, cada uma por um viés, que trouxeram colaborações inestimáveis ao movimento de mulheres. Lélia, uma das fundadoras do Movimento Negro Unificado em 1978, foi professora, filósofa e antropóloga. Bem antes de os conceitos de interseccionalidade e feminismo decolonial estarem em voga nos estudos feministas, elaborou a crítica ao feminismo branco e hegemônico, trazendo à baila a realidade das mulheres negras e indígenas e iluminando, desse modo, as sobreposições de exploração com raça, gênero e classe. É possível conhecer um pouco da militância dela e de sua inestimável contribuição na coletânea *Por um feminismo afro-latino-americano*, contendo ensaios, artigos e entrevistas de Lélia, a inventora do vocábulo "pretuguês".

Heleieth Saffioti foi professora, socióloga marxista e realizou vários estudos sobre a violência de gênero. Seu pioneirismo é indiscutível em *A mulher na sociedade de classes: Mito e realidade*, que foi sua tese, orientada por Florestan Fernandes em 1967 e publicada com grande sucesso em 1976. Com dificuldade de encontrar fontes bibliográficas e enfrentando o machismo na academia, Heleieth faz um trabalho inovador sobre o "problema das mulheres" na sociedade capitalista, inserindo as opressões de gênero como funcionais ao modo de produção capitalista e fazendo o debate da formação econômica brasileira dentro da divisão internacional do trabalho. Seu livro é todo permeado por ideias, conceitos e contribuições ao feminismo. Nos anos 2000, elaborou estudos sobre violência de gênero.

> "Em vez de pensar o que ocorria nos grupos de mulheres (feministas ou não) do final do século XX como uma terceira onda do feminismo, podemos pensar esse fenômeno como formativo da terceira onda, que surge uma ou duas décadas depois na forma de grandes mobilizações transnacionais. Essa é a visão de Cinzia Arruzza (2019), Barbara Molony e Jennifer Nelson (2017), com as quais me alinho."
> (Ilze Zirbel, 2021, p. 22)

Antes de formar uma opinião fechada sobre a existência ou não da terceira onda e sem diminuir as contribuições que nos foram trazidas até aqui, gostaria de apresentar o contexto latino-americano e brasileiro, que, em um momento de refluxo no resto do mundo, registrou amplas lutas democráticas, das quais as mulheres participaram ativamente por liberdades e também criaram importantes movimento.

Se, em contexto global, os anos 1980 e início dos 1990 significaram uma virada neoliberal, a América Latina vivia momentos decisivos de luta contra ditaduras militares. Vale destacar a Nicarágua, onde o movimento encabeçado pela Frente Sandinista de Libertação Nacional tomou o poder, destituindo o ditador Anastasio Somoza em 1979. Na luta, estavam diversas mulheres, entre elas Mónica Baltodano,

Dora Maria Tellez e Letícia Herrera, que chegaram a comandantes de esquadrões guerrilheiros. A historiadora argentina Dora Barrancos em *História do feminismo na América Latina* (p. 90) aponta: "Durante os anos de guerra revolucionária, surgiram organizações de mulheres, como a Aliança Patriótica de Mulheres Nicaraguenses e a Associação de Mulheres Ante a Problemática Nacional (Ampronac)". A revolução, que marcou a América Latina pelo protagonismo e pela liderança das mulheres, abriu portas para muitas organizações feministas. Hoje, porém, nem todas apoiam o governo do sandinista Daniel Ortega, que esteve no poder no período 1979-1990 e voltou em 2006, sendo reeleito desde então, num crescente movimento de centralização e violenta repressão a opositores.

No Chile, como já vimos, a ditadura de Augusto Pinochet foi sanguinária. No relatório apresentado em 2011 pela Comissão Valech, instalada em 2003 para investigar crimes do governo contra opositores no período 1973-1990, estima-se em mais de 40 mil as vítimas do terrorismo de Estado, entre elas 3.225 mortos ou desaparecidos. O nome da comissão é homenagem ao bispo Sérgio Valech, defensor dos direitos humanos no país, que faleceu em 2010.

Mesmo nesse contexto, surgiu, no início dos anos 1980, o Movimento de Emancipação das Mulheres do Chile, agrupando uma variedade de ativistas e de organizações femininas, que uniam a luta contra a ditadura à luta antipatriarcal. Em outubro de 1988, depois de muita mobilização pela abertura política, realizou-se um plebiscito para saber se a ditadura permaneceria ou se haveria a transição democrática. Segundo Dora Barrancos (p. 170), "a agitação das mulheres foi decisiva no referendo", quando triunfou o "Não", que impediu Pinochet de prolongar a ditadura por mais uma década. O *slogan* fundamental que unia a maioria dos movimentos era "Democracia em casa e no país". Sobre a história do plebiscito, recomendo o filme *No* ("Não") dirigido por Pablo Larraín e estrelado por Gael Garcia Bernal.

Na Argentina, a queda da ditadura também contou com a mão das mulheres. Na verdade, dos lenços brancos, simbolizando as fraldas dos filhos, que as *Madres de la Plaza de Mayo* exibiam diante do palácio do governo, a Casa Rosada, exigindo o retorno com vida dos desaparecidos. A organização das mães foi fundada em 1977, quando catorze delas foram à praça expor sua demanda ao governo e começaram a caminhar em círculos, porque a polícia não as deixava ficar agrupadas. "Circulem, circulem", ordenavam os policiais... e elas começaram a circular.

As Mães foram sucedidas pelas Avós da Praça de Maio, pressionando pelo aparecimento das crianças nascidas durante a prisão de mulheres e homens perseguidos pela ditadura sangrenta do general Jorge Videla, iniciada em 1976. Depois do fim da ditadura, a Comissão Nacional sobre o Desaparecimento de Pessoas (Conadep), criada em 1983, reconheceu quase 9 mil detidos e desaparecidos como vítimas do período, mas os dados dos movimentos sociais e organizações de direitos humanos apontam pelo menos 30 mil pessoas assassinadas, número reconhecido em âmbito internacional.

O movimento das Mães da Praça de Maio, iniciado por Azucena Villaflor com outras mães e duas freiras (que, junto com Azucena, foram sequestradas, torturadas e assassinadas pelo regime), ganhou muita adesão à medida que a ditadura ia ampliando o número de vítimas e, posteriormente, também as Avós receberam apoios em sua procura pelos netos sequestrados – a imensa maioria deles nascidos nos centros de tortura e de extermínio. O movimento das mulheres argentinas, além de fundamental na resistência interna, foi protagonista das denúncias internacionais contra o regime de Videla e dos militares.

A ditadura argentina caiu em 1983, quando entrou em guerra contra a Inglaterra pelas ilhas Malvinas (Falkland para os ingleses), que, de fato, são território argentino, e foi fragorosamente derrotada pelas forças britânicas. Um amplo movimento democrático tomou conta do país e conquistou a democracia.

Diferentemente do ocorrido no Brasil, o movimento democrático pressionou por verdade e justiça e, em 1985, iniciou-se o julgamento dos comandantes das Juntas Militares, que foi tema do filme *Argentina, 1985*, dirigido por Santiago Mitre em 2022. A justiça de transição foi feita, condenando os culpados, incluindo o general Videla, que passou seus últimos meses de vida encerrado em prisão comum pelos crimes cometidos. Hoje, ainda existem 1.025 repressores, protagonistas do terrorismo de Estado, nas prisões.

A luta das mulheres contra o regime ditatorial continuou a se desdobrar depois da abertura democrática no país, com iniciativas como a criação do Centro de Estudos das Mulheres (CEM), o fortalecimento de organizações feministas e a realização anual de um Encontro Nacional das Mulheres (ENM), que reúne todos os grupos e ativistas há mais de 40 anos. Eu mesma tive a honra de participar da edição de 2018, realizada na cidade de Rosário, a convite do Movimento Socialista dos Trabalhadores (MST) da Argentina. Foi impressionante: 40 mil mulheres de todas as organizações, em quatro dias de debates e marchas unitárias, mostrando força, diversidade e capacidade de construir sínteses nessa diversidade. Não tenho dúvida de que essa organização prévia foi fundamental para conquistas como a maré verde e o direito ao aborto legal, seguro e gratuito, cujo símbolo é o lenço verde.

No Brasil, também estivemos em luta. O golpe civil-militar de 31 de março de 1964 foi um dos primeiros no período golpista estimulado pelos EUA. A partir de 1975, com o incentivo da CIA norte-americana, seria organizada a Operação Condor, acordo operativo dos serviços de inteligência envolvendo Chile, Argentina, Brasil, Uruguai, Paraguai e Bolívia para sequestrar e assassinar opositores. Esse acordo internacional repressivo foi organizado pelo temor dos possíveis efeitos exemplares da Revolução Cubana; das guerrilhas de esquerda, que surgiam em vários países; da radicalização das massas e das medidas progressistas dos governos "populistas"; atividades que pudessem produzir lutas revolucionárias e organizações políticas com capacidade de tomar o poder nos países do Cone Sul.

Não podemos secundarizar, em nosso contexto, as organizações femininas reacionárias do período, participantes das mobilizações pró-ditadura, como a TFP (Tradição, Família e Propriedade), presente nas passeatas que foram a antessala do golpe contra o presidente João Goulart em 1964.

Em 1968, como parte da luta internacional aberta pelo Maio francês (que vimos na segunda onda do feminismo), tivemos o ascenso juvenil no Brasil, com amplas passeatas, a exemplo da Marcha dos 100 mil, no Rio de Janeiro. O movimento estudantil foi a ponta de lança contra o autoritarismo e lá estavam as jovens estudantes, marchando lado a lado com os rapazes. Com a promulgação do Ato Institucional nº 5 (AI-5), a ditadura perseguiu com mais rigor as liberdades democráticas com prisões arbitrárias, com o fechamento do Congresso e com a censura aos jornais. A luta democrática ficou mais difícil no Brasil.

Muitas mulheres participaram dos grupos clandestinos de guerrilha urbana, mas foi somente a partir de 1975 que os movimentos se organizaram com mais força. O Movimento Feminino pela Anistia foi criado em dezembro de 1975 para dar vazão à luta contra as prisões arbitrárias e os exílios políticos. Esse movimento não se declarava feminista, mas, sendo uma organização com capilaridade nacional, em várias seções participavam mulheres posicionadas à esquerda. A farmacêutica Helena Greco (1916-2011) foi uma delas. Rompendo com o grupo, fundou o Movimento Feminino pela Anistia e Liberdades Democráticas em 1981 e várias outras entidades de defesa dos direitos humanos, além de ter participado do Movimento Tortura Nunca Mais, criado em 1985. Branca Moreira Alves, outra importante militante da luta feminista no Brasil, lança nos EUA o Comitê de Mulheres Brasileiras no início dos anos 1970, quando estudava História naquele país.

Em 30 de dezembro de 1976, a *socialite* mineira Ângela Diniz foi morta pelo namorado, o empresário Raul Fernandes do Amaral Street – conhecido como Doca Street. O caso ganhou enorme repercussão pelo crime em si e pela defesa do assassino, alegando que teria sido legítima defesa da honra e que havia "matado por amor". A primeira sentença foi de apenas dois anos de prisão! As mulheres organizaram passeatas com o *slogan* "Quem ama não mata". Em 1981, outro julgamento foi realizado e Doca Street foi condenado a 15 anos. Vamos lembrar que, nessa época, não existia Lei Maria da Penha, tampouco Delegacia Especializada da Mulher. A primeira delas foi instalada em 1985 na cidade de São Paulo. E, como já dito, somente em 1º de agosto de 2023 o Supremo Tribunal Federal (STF) proibiu, por unanimidade, o uso da tese jurídica da "legítima defesa da honra" em casos de feminicídio. Doca Street morreu em São Paulo em 18 de dezembro de 2020, aos 86 anos.

Quanto à queda da ditadura, pesou bastante a atuação dos operários de São Paulo, que, no final da década de 1970, promoveram greves históricas por salários, condições de trabalho e contra o governo militar. A grande liderança que despontou nessa luta foi Luiz Inácio Lula da Silva, presidente do Sindicato dos Metalúrgicos do ABC, com sede em São Bernardo do Campo, onde ocorreu, em 1978, a primeira greve de trabalhadores da montadora Scania. Esse movimento durou dois anos, entre idas e vindas, perseguições e resistências, até culminar nas grandes greves de 1979-1980, quando 300 mil metalúrgicos cruzaram os braços. Surgia o novo sindicalismo no país. Além de devolver o movimento operário à rua, essas greves contestaram a ditadura e contagiaram outros setores sociais para se mobilizar, como o movimento estudantil, por exemplo.

Essa situação agitada é potencializada quando, em 1983, vai à votação a famosa Emenda Dante de Oliveira, proposta de volta das eleições diretas. A luta pela aprovação da emenda reuniu milhões de pessoas Brasil afora no movimento denominado Diretas Já. Esta foi uma unidade de ação democrática que colocou no mesmo palanque lideranças do novo sindicalismo, políticos do partido de oposição MDB (Movimento Democrático Brasileiro), adeptos do gaúcho Leonel Brizola, retornado do exílio em setembro de 1979, setores da direita liberal, artistas e intelectuais. Atos gigantescos foram realizados nas capitais brasileiras. Um ano de luta intensa, que culminou na votação da emenda em 25 de abril de 1984. Por 22 votos, a emenda é derrotada, mas toda a luta anterior não permitiria que a ditadura permanecesse. Uma votação derrotada em uma luta vitoriosa.

Depois disso, os militares e os setores civis e empresariais que comandavam a ditadura junto com as elites construíram a tese da "transição lenta e gradual", para tentar preservar poder e evitar responsabilização pelos seus atos. Assim, o Brasil acabou sendo o único país da América Latina que não fez justiça de transição pelos crimes cometidos nos 21 anos de ditadura. A Lei da Anistia (Lei nº 6.683, de 28 de agosto de 1979), que era uma demanda para libertar presos políticos acusados de terrorismo e possibilitar o retorno dos exilados, também serviu para deixar impunes os torturadores e os assassinos da ditadura militar. Uma luta ainda necessária: "Memória, Verdade e Justiça", para que não haja esquecimento e para que nunca mais aconteça.

A ditadura acabou em 1985 e a Assembleia Constituinte veio em 1988, em cujo contexto vale destacar a articulação feminina – processo conhecido na época de forma pejorativa como *Lobby* do Batom, expressão depois incorporada pelo movimento, que reunia jornalistas, intelectuais, ativistas e as mulheres constituintes. Desde coisas básicas e internas, como a instalação de um banheiro feminino no prédio do Parlamento (imagine que, em

1987, ainda não havia banheiros para as mulheres na sede do Congresso Nacional!); reivindicações das mulheres para serem incorporadas na Carta Magna, que seria votada ali; combate à violência doméstica e familiar; licença-maternidade de quatro meses; e direito à posse de terra – igual ao dos homens – eram temas discutidos pelo *Lobby* do Batom.

Apontamos a história de luta nos países da América Latina para dar um panorama geral dos embates democráticos no continente e sua relação com os movimentos de mulheres. Em linhas gerais, podemos constatar que, mais uma vez, a participação feminina foi ativa no período. Embora a mulher não tenha sido o sujeito social e político responsável pela derrota das ditaduras, sua presença na luta é incontestável. Dessa forma, tendo a concordar com Ilze Zirbel e Cinzia Arruzza, na "polêmica" sobre a existência ou não de uma terceira onda. É fato que não tivemos mobilizações de massa de mulheres, ao contrário do ocorrido no sufragismo e nas revoluções de 1968, mas nosso presente não seria o que é sem a atuação das mulheres nas lutas pela democracia.

Como seria se elas tivessem aceitado a ideia de que o feminismo tinha morrido e não tivessem resistido na academia, em organizações feministas, mantendo vivas as bandeiras de luta? Além disso, ao constatar e problematizar a narrativa branca, heterossexual e de classe média das ondas anteriores, o feminismo se diversificou, criando as condições e abrindo espaço para a interseccionalidade, tão importante nas lutas do presente.

Quarta onda: *Tsunami* do agora

É sempre difícil escrever sobre a história no tempo presente, mas esse desafio é mais do que necessário. Desde 2011, há um novo ascenso da luta das mulheres, algo que nossa geração ainda não tinha vivenciado. Determinar quando começou o estágio da luta atual, qual feminismo é necessário para o século XXI e se a onda ainda está em curso será nosso desafio.

Vimos um pouco sobre o neoliberalismo ao falar sobre a terceira onda. Além de um modelo que facilitou a concentração de renda e a desregulamentação de direitos trabalhistas, a tão propagada globalização significou um mundo "sem fronteiras" para os interesses dos grandes capitalistas, com a fragmentação da produção e a contratação de mão de obra de baixo custo em qualquer parte do mundo. Desse modo, foi gerada ainda maior pressão para o retrocesso (ou a retirada) de direitos conquistados anteriormente, sobretudo no Sul global. Isso deu poder ainda maior para grandes corporações transnacionais, que acabaram tendo mais força e riqueza do que muitos Estados-nações.

No campo da economia, assistimos ao discurso da financeirização de tudo, com apropriação dos fundos de pensão e de aposentadoria dos trabalhadores, além da criação de produtos financeiros sem nenhum lastro na produção. Durante muito tempo, a "febre" era fazer mais dinheiro comprando ações, títulos e investimentos de alto risco com enormes taxas de lucratividade. Pois bem, nos EUA, um ativo criado e vendido pela especulação imobiliária, chamado hipoteca *subprime*, que permitia a hipoteca da casa própria, explodiu a bolha financeira e levou a uma crise mundial de liquidez. Muitos economistas consideram esta a maior crise desde a Grande Depressão de 1929. A linha das classes dominantes foi repassar os custos para as costas dos trabalhadores. Enquanto o Banco Central dos EUA (o Federal Reserve Bank, ou FED) emite papel-moeda para socorrer os bancos, milhões de estadunidenses perderam suas casas. As dificuldades atingiram vários países da Europa e a crise assumiu aspecto planetário. O desemprego aumentou, assim como o preço dos alimentos, da energia, dos aluguéis, comprometendo o custo de vida de forma geral. Se foi ruim nos países centrais do capitalismo, imagine-se nas economias mais frágeis.

Foi na Tunísia, com economia muito dependente do imperialismo francês, que, em 17 de dezembro de 2010, um jovem chamado Mohamed Bouazizi, engenheiro desempregado que vendia frutas e legumes nas ruas para sustentar a mãe e uma irmã, cansado de ser perseguido pela polícia, ateou fogo ao próprio corpo, vindo a falecer alguns dias depois. A indignação popular foi gigantesca. O ato desesperado funcionou como estopim para uma revolução democrática que atingiu outros países do norte da África e se espalhou pelo Oriente Médio, entrando para a história com o nome de Primavera Árabe.

Na Tunísia, caiu o governo ditatorial de Ben Ali (que estava no poder desde 1987 e morreu ainda exilado na Arábia Saudita em 2019). No Egito, Hosni Mubarak (1928-2020), que havia sucedido Anuar Sadat, assassinado em 1961, também foi deposto em 2011. Na Líbia, a Primavera ganhou contornos de guerra civil, mas acabou derrubando o ditador Muammar Kadafi, assassinado em fuga em 20 de outubro de 2011. Na Síria, uma longa guerra civil, que dura até hoje, iria se produzir a partir da forma como Bashar al-Assad reage aos protestos. Outras insurreições ocorrem ainda no Marrocos, em Bahrein, no Iêmen e na Arábia Saudita.

As mulheres foram parte significativa dessas mobilizações em países que apresentam nível de desigualdade de gênero muito grande como consequência de legislações atrasadas quanto aos direitos civis das mulheres. Essa presença feminina foi na época pouco retratada pelos veículos de comunicação do Ocidente, mas vale lembrar: foram as primeiras revoluções televisionadas e muito propagadas pelas redes sociais que a nossa geração testemunhou.

Como "responsáveis" pela reprodução social, pelo cuidado das famílias, pela alimentação no lar e, claro, ainda mais atacadas pela crise econômica por terem os piores trabalhos e salários, as mulheres foram arrastadas pela indignação contra a carestia, a corrupção das ditaduras e a defesa das liberdades. Mas, até para lutar, elas tiveram que se confrontar com os reacionários que as atacavam. Assim, trataram de se organizar para ir juntas a protestos, como no Exército Rosa, no Egito, e para lutar contra os testes de virgindade que eram aplicados pelas forças de segurança egípcia em mulheres presas durante os atos públicos.

Nesse contexto, as mulheres tentaram avançar. Na Tunísia, que já tinha maior protagonismo das mulheres por sua participação na luta anticolonial na década de 1940, foi conquistada a lista paritária de homens e de mulheres nas eleições legislativas. No Egito, após o processo de luta, houve a primeira candidatura de uma mulher à Presidência da República. De modo geral, revoluções democráticas que derrubaram ditaduras de décadas em dias de luta conquistaram pouco para o povo. A ausência de lideranças e de partidos de classe para representar uma alternativa às causas dessa crise econômica é parte da explicação.

No Egito, um pouco depois da vitória da Irmandade Muçulmana, em 2012, o exército deu um golpe e estabeleceu um governo que perdura até os dias atuais. Certamente, nas conquistas femininas, a Primavera não produziu mudanças estruturais, mas trouxe mais condições para ativistas, entidades e movimentos tentarem avançar. A luta da ativista Malala Yousafzai no Paquistão para que as mulheres pudessem estudar é parte desse processo. Malala virou um ícone internacional depois de sobreviver ao atentado de um fundamentalista do Talibã e recebeu o Prêmio Nobel da Paz de 2014.

Na Arábia Saudita, o direito ao voto feminino veio em 2015. Ainda hoje, assistimos à rebelião das mulheres iranianas para tirar o véu, depois que Mahsa Amini, aos 22 anos, foi presa e morta pela Polícia da Moralidade, por ter uma mecha de cabelo escapando do véu. Na Europa, a resistência do povo, incluindo as mulheres, contra os impactos da crise econômica promovem grandes mobilizações, com as famosas Passeatas dos Indignados de 2011 na Espanha – com o país em forte crise econômica e desemprego em 20%, milhares de pessoas foram às ruas contra os políticos tradicionais, os mercados financeiros, os bancos e os problemas sociais – e as da Geração à Rasca, da juventude estudantil, em

Portugal. Na esteira dessas mobilizações, surge o *Occupy Wall Street* ("Ocupe Wall Street") nos EUA, que mobiliza a população contra a desigualdade econômica e social justamente no principal endereço do poder financeiro do país.

No Brasil, veremos essa onda internacional se expressar nas Jornadas de Junho de 2013, quando milhões foram às ruas, inicialmente contra os aumentos das tarifas de ônibus, mas agregando em seguida consignas como saúde e educação "padrão Fifa", isto é, de altíssima qualidade, como os serviços oferecidos pela Federação Internacional de Futebol Associado ao sediar a Copa em 2014, ou seja, exigindo melhoria no Sistema Único de Saúde (SUS) e na educação pública.

Em 2014, aconteceu a Copa do Mundo de futebol no Brasil, ocasião em que se usou muito dinheiro público para interesses privados. A falta de uma direção unificada dos movimentos reivindicatórios, a repressão e a tentativa de desmobilizar a luta fez com que os avanços tenham sido pequenos perto da grande mobilização que presenciamos (e da qual participamos). Mas a luta das mulheres, da comunidade LGBTQIA+, dos negros e das negras se potencializou. A frase "Lute como uma menina" passou a ser estampada nas camisetas. Em 2016, muitas lideranças jovens e negras foram à linha de frente no processo de ocupação de escolas, que ocorreu em várias cidades, como efeito do exemplo das ocupações de escolas em São Paulo contra o fechamento de unidades de educação defendido pelo governo Alckmin na época.

Bem antes, em 2011, um movimento que aconteceu internacionalmente foi a chamada "Marcha das Vadias". Vários casos de estupros estavam acontecendo na Universidade de Toronto (Canadá), quando um policial, ao palestrar sobre os casos, disse que as mulheres não deviam se vestir como vadias com o objetivo de evitar os estupros. A forte mobilização em Toronto se espalhou pelo mundo e, em junho do mesmo ano, foi realizada no Brasil a marcha com protestos, dos quais tive a oportunidade de participar em Porto Alegre, denunciando a cultura do estupro e suas tentativas de responsabilizar as vestimentas das vítimas e não o agressor. Mulheres de todas as idades, mas sobretudo jovens, ocuparam as ruas contra o machismo, a violência sexual e a hipocrisia da sociedade, que ainda tenta culpabilizar as vítimas.

O movimento *Ni Una Menos!* é formado na Argentina em 2015, depois que Chiara Páez, grávida, foi morta pelo namorado e enterrada na casa de familiares do assassino. Mas será maior o choque e a indignação diante do assassinato da jovem argentina Lucía Pérez, de apenas 16 anos, drogada, estuprada e empalada por dois homens em Mar del Plata, que levaria o movimento a ter repercussão e apoio internacional. Em vários países da América Latina, organizam-se movimentos *Ni Una Menos!* para defender a vida das mulheres e denunciar os feminicídios e os estupros. Em Mar del Plata, porém, o juiz absolveu os três das acusações de abuso sexual e feminicídio, condenando dois deles por porte de drogas e liberando o terceiro.

No Brasil, em novembro de 2015, tivemos a Primavera das Mulheres, o movimento de luta contra o Projeto de Lei nº 5069/2013, proposto por Eduardo Cunha, então deputado federal e presidente da Câmara dos Deputados, que restringia o aborto legal nos casos de estupro, dificultando inclusive o uso da chamada pílula do dia seguinte. As várias mobilizações garantiram que o projeto não prosperasse e, certamente, as mulheres foram a ponta de lança da luta "Fora

Cunha". Ele acabou preso por corrupção e lavagem de dinheiro alguns anos depois. Em 18 de novembro de 2015, mais de 100 mil mulheres protagonizaram a histórica Marcha das Mulheres Negras em Brasília.

Em 2016, em Varsóvia, mulheres realizaram a gigantesca manifestação das "sombrinhas negras" contra um projeto de lei que propunha a proibição do aborto em qualquer caso e que ainda previa prisão para a desobediência. A mobilização conseguiu derrotar o projeto no Parlamento polonês!

As manifestações do 8 de março, há tempo marcadas por serem atos pequenos, começam a aumentar exponencialmente em várias partes do mundo. Com o peso das redes sociais, campanhas, como "Meu Primeiro Assédio", permitiram que milhares de mulheres relatassem casos pelos quais haviam passado e, ao tomar contato com experiências de outras mulheres, canalizar a luta contra o sexismo. O *hashtag* #MeToo, do Twitter, foi adotado no mundo todo para denunciar e expor a violência sexual, ganhando ainda maior dimensão quando atrizes de Hollywood deram seus relatos.

No ano de 2016, a crise econômica e de representatividade resulta num vazio no espectro político estadunidense. Os impactos da crise deixam milhares sem casa e com salários menores para os trabalhadores. O Cinturão Industrial, desmantelado pelas mudanças das indústrias para países com salários mais atrativos, deixou milhares de desempregados. Um bilionário do Partido Republicano, Donald Trump, "vende-se" na eleição como se fosse um político antissistema e enfrenta a secretária de Estado Hillary Clinton, do Partido Democrata, que, nas prévias para indicar o candidato à Presidência, havia derrotado Bernie Sanders, cujo programa era de enfrentamento em relação aos privilégios de Wall Street.

Uma hecatombe acontece em novembro de 2016. Os EUA elegem um presidente da extrema-direita, representando os valores mais reacionários no que diz respeito às mulheres, aos negros e à comunidade LGBTQIA+, além de defender uma agenda econômica voltada para os mais ricos. Essa eleição impactará o mundo. Mas a resistência logo se expressa. As mulheres estadunidenses convocam manifestação para o dia seguinte à posse de Trump na capital do país, conhecida como *Women's March on Washington*, ("Marcha das Mulheres sobre

Washington"). A manifestação ocorreu em mais de 400 cidades e em vários países em 21 de janeiro de 2017. Estima-se que mais de 3 milhões de pessoas tenham comparecido à convocatória de luta. Dali surgiu a resistência à extrema-direita, com as mulheres como sujeito social pioneiro, consolidando-se nova onda de luta.

Inspiradas pela dimensão internacional e pelo peso dos EUA nessa luta, intelectuais e ativistas, como Angela Davis, Cinzia Arruzza, Keeanga-Yamahtta Taylor, Linda Martin Alcoff, Nancy Fraser, Tithi Bhattacharya e Rasmea Yousef Odeh lançam uma convocação para o **"Dia sem Mulher"** 🔗 ▶ para 8 de março de 2017, ou seja, a greve mundial das mulheres, chamadas a cruzar os braços no trabalho e em casa.

🔗 **O DIA SEM MULHER**

As grandes marchas de mulheres de 21 de janeiro [nos EUA] podem marcar o início de uma nova onda de luta feminista militante. Mas qual será exatamente seu foco? Em nossa opinião, não basta se opor a Trump e suas políticas agressivamente misóginas, homofóbicas, transfóbicas e racistas.

Também precisamos alvejar o ataque neoliberal em curso sobre os direitos sociais e trabalhistas. Enquanto a misoginia flagrante de Trump foi o gatilho imediato para a resposta maciça em 21 de janeiro, o ataque às mulheres (e a todos os trabalhadores) há muito antecede a sua administração. As condições de vida das mulheres, especialmente as das mulheres de cor e as trabalhadoras, desempregadas e migrantes, têm se deteriorado de forma constante nos últimos 30 anos, graças à financeirização e à globalização empresarial. O feminismo do "faça acontecer" e outras variantes do feminismo empresarial falharam para a esmagadora maioria de nós, (...) cujas condições de vida só podem ser melhoradas através de políticas que defendam a reprodução social, a justiça reprodutiva segura e garanta direitos trabalhistas. Como vemos, a nova onda de mobilização das mulheres deve abordar todas essas preocupações de forma frontal. Deve ser um feminismo para 99% das pessoas.

O tipo de feminismo que buscamos já está emergindo internacionalmente, em lutas em todo o mundo: desde a greve das mulheres na Polônia contra a proibição do aborto até as greves e marchas de mulheres na América Latina contra a violência masculina (...); da grande manifestação das mulheres de novembro passado na Itália aos protestos e greve das mulheres em defesa dos direitos reprodutivos na Coreia do Sul e na

Irlanda. O que é impressionante nessas mobilizações é que várias delas combinaram lutas contra a violência masculina com oposição à informalização do trabalho e à desigualdade salarial, ao mesmo tempo que se opõem as políticas de homofobia, transfobia e xenofobia. Juntas, elas anunciam um novo movimento feminista internacional com uma agenda expandida – ao mesmo tempo antirracista, anti-imperialista, anti-heterossexista e antineoliberal.

Queremos contribuir para o desenvolvimento deste novo movimento feminista mais expansivo.

Como primeiro passo, propomos ajudar a construir uma greve internacional contra a violência masculina e na defesa dos direitos reprodutivos no dia 8 de março. Nisto, nós nos juntamos com grupos feministas de cerca de trinta países que têm convocado tal greve. A ideia é mobilizar mulheres, incluindo mulheres trans, e todos os que as apoiam num dia internacional de luta – um dia de greves, marchas e bloqueios de estradas, pontes e praças; abstenção do trabalho doméstico, de cuidados e sexual; boicote e denúncia de políticos e empresas misóginas, greves em instituições educacionais. Essas ações visam visibilizar as necessidades e aspirações que o feminismo do "faça acontecer" ignorou: as mulheres no mercado de trabalho formal, as que trabalham na esfera da reprodução social e dos cuidados e as desempregadas e precárias.

> (...) Juntemo-nos em 8 de março para fazer greves, atos, marchas e protestos. Usemos a ocasião deste dia internacional de ação para acertar as contas com o feminismo do "faça acontecer" e construir em seu lugar um feminismo para os 99%, um feminismo de base, anticapitalista; um feminismo solidário com as trabalhadoras, suas famílias e aliados em todo o mundo.
>
> Nota: "Faça acontecer" [*Lean-in*] é uma referência ao movimento conservador com ênfase no empreendedorismo feminino, inspirado em livro da ex-executiva do Google e do Facebook Sheryl Sandberg.

Os protestos são fortes em vários lugares, a convocatória recebe adesão de movimentos locais em pelo menos 50 países. Na América Latina, houve passeatas gigantes no Chile, na Argentina, no México.

No Brasil, tivemos o maior ato do 8 de março da história recente. As mulheres, além do combate à violência, lutavam contra as reformas da previdência e trabalhista e contra os impactos da agenda econômica neoliberal de Michel Temer na Presidência da República, após o golpe parlamentar de 2016, que depôs Dilma Rousseff, a primeira mulher presidente do país. Mesmo que as greves tenham sido minoritárias em locais de trabalho, foi um dia histórico de luta, ao dar dimensão internacional às bandeiras das mulheres e conectar suas lutas contra as violências físicas com as lutas contra as violências do capital na superexploração do trabalho. Foi muito importante no combate à devastação dos direitos e por iniciar a articulação do conceito de feminismo dos 99%.

No ano seguinte, 2018, um marco trágico: no dia 14 de março, voltando de uma atividade de mulheres na ONG Casa das Pretas, no Rio de Janeiro, Marielle Franco, vereadora do PSOL-RJ, negra, lésbica, da favela da Maré, é executada a tiros. Junto com ela, morreu também o motorista Anderson Gomes. Um choque enorme para todos. Uma comoção social e, para mim, um baque gigante. Fui da Bancada Feminista do PSOL junto com Marielle, participei de muitas atividades com ela e pude conviver com sua generosidade, combatividade e afeto. Uma pessoa ímpar, que simbolizava muitas lutas do povo brasileiro.

Na noite do crime, acompanhando as notícias em casa, arrasada, mas ao mesmo tempo incrédula com a versão de que teria sido um assalto, começamos a articular por whatsapp uma manifestação em Porto Alegre para 15 de março. Milhares de pessoas foram às ruas exigir justiça para Marielle Franco no dia seguinte à sua morte. No Rio de Janeiro, um enorme cortejo se formou, enquanto protestos se multiplicaram em todas as capitais do país. Além da denúncia do crime político, o principal sujeito dessa luta são mulheres negras, que choraram o assassinato de uma das poucas mulheres negras no Legislativo carioca. Nascia assim a luta por justiça, que permanece atual até hoje, assim como as sementes lançadas pelo exemplo de Marielle: mais mulheres negras exigindo representatividade.

Na eleição presidencial de 2018, infelizmente, vimos chegar à frente das intenções de voto o filho mais podre do sistema político, ex-militar, com 31 anos de vida pública, vereador e deputado federal inexpressivo, conhecido por posições reacionárias e declarações machistas: Jair Messias Bolsonaro. Como nos EUA com Trump, ele foi a expressão eleitoral do descontentamento com o sistema político e com a crise econômica, direcionado para a extrema-direita de maneira mentirosa. Evidentemente, é importante lembrar o impacto da fraude eleitoral com a prisão de Lula para não concorrer na eleição e as *fake news* disseminadas de forma criminosa e organizada no período eleitoral. Mas contribuiu também um sentimento de vazio real, de decepção com os governos petistas e uma esquerda radical que não conseguiu canalizar esse espaço para um programa antissistêmico. Tudo isso, por si, já seria objeto de um livro inteiro de análise. Para tal, recomendo a leitura de *Amanhã vai ser maior*, da antropóloga Rosana Pinheiro-Machado, que analisa a situação política e social brasileira desde as Jornadas de Junho de 2013 até o governo Bolsonaro.

Seja como for, o fato é que a página "Mulheres Unidas contra Bolsonaro" convocou pelas redes sociais uma mobilização para 29 de setembro com a chamada #EleNão. Milhares de mulheres ocuparam as ruas nesse dia em cidades de todo o país. Foi a maior manifestação feminista da história do Brasil com a consigna clara contra a extrema-direita e sua misoginia. Lembro bem da preparação e das reuniões com as mulheres que costumavam organizar os atos em Porto Alegre, as discussões sobre o caráter e a amplitude do movimento. Contudo, a melhor lembrança foi a chegada, junto com a companheira Luciana Genro, ao Parque da Redenção, palco de muitos protestos na capital gaúcha, com um sol forte demais e milhares de mulheres – jovens, adultas, idosas, crianças, trabalhadoras, aposentadas, uma potência. Lembro de não conseguir chegar à banca do PSOL devido ao número de pessoas que encontrei no caminho. E do meu discurso, que foi muito elogiado. Naquele 29 de setembro, o ato aconteceu em mais de 160 cidades e em todas as capitais: reuniu meio milhão de pessoas em São Paulo; 200 mil em Belo Horizonte; mais de 50 mil em Porto Alegre. Uma força e uma potência impressionantes.

Não conseguimos derrotar Bolsonaro, mas as mulheres brasileiras foram fundamentais, junto com o povo nordestino, para que ele não vencesse a eleição no primeiro turno, o que teria dado ainda mais força ao projeto reacionário que passamos a viver nos anos seguintes. Ainda antes do segundo turno, no dia 20 de outubro de 2018, novo protesto foi realizado, forte ainda, mas não tão espontâneo e contundente como o primeiro.

As lutas são assim, nem sempre se vence, mas se resiste, e nas derrotas também se aprende. As mulheres foram linha de frente na rejeição a Bolsonaro nas pesquisas de opinião durante seu governo, estiveram nas ruas no 8 de março e no 14 de março, exigindo justiça para Marielle Franco. E mais tarde, durante a pandemia, nas passeatas Fora Bolsonaro! Enfim, junto com o povo e toda a resistência, ele foi derrotado eleitoralmente em 2022.

Sobre luta, derrotas, novas lutas, temos que falar da Maré Verde. A Campanha pelo Direito ao Aborto Legal, Seguro e Gratuito na Argentina teve excepcional crescimento e força de massas em 2018. Fruto de uma luta histórica no país, dos encontros de mulheres, a campanha deu um salto nesse ano, conectada com a luta internacional e a nova onda. Milhares de ativistas de todas as idades foram às ruas para lutar pela descriminalização do aborto. Infelizmente, depois de aprovado na Câmara dos Deputados, o projeto de lei foi rejeitado no Senado.

O movimento não se deu por vencido. Mesmo com a indignação da derrota, permaneceu lutando. As mulheres saíram fortalecidas para continuar massificando o debate, envolvendo milhares de mulheres, com destaque para o engajamento das mais jovens. Até que, na madrugada de 30 de dezembro de 2020, com milhares de manifestantes nas ruas, a vitória foi conquistada. Desta vez, o Senado aprovou, por 38 votos a favor, 29 contra e uma abstenção, a Lei nº 27.610/2020, que garante o aborto gratuito, legal e seguro até a 14ª semana de gestação. Na Argentina, as estimativas indicavam cerca de 3 mil mortes por ano de mulheres vitimadas por abortos clandestinos. É pela Vida das Mulheres!

O bom de escrever uma história do tempo presente é estar vivendo, elaborando, tentando influenciar os rumos da nova onda de luta das mulheres. O difícil é determinar se essa onda acabou ou não. Não tenho dúvidas de que o início da segunda década dos anos 2000 nos brindou com a resistência das mulheres às consequências da crise econômica do capitalismo, convertendo-se em luta feminista novamente. Acredito que a luta coletiva em qualquer tempo – seja ela pela jornada de trabalho, seja nas revoluções como a russa, seja na esteira de 1968, seja na luta contra a carestia, com a participação das mulheres no interior (e muitas vezes na cabeça) – é um sinal para a auto-organização das mulheres. Cada onda de luta foi antecedida por lutas da classe trabalhadora e/ou da juventude, porque a presença das mulheres no trabalho, assim como nas escolas e universidades, significou a saída do espaço privado, no qual fomos aprisionadas por séculos, para o espaço coletivo. E quando há uma ofensiva da classe, ao estarem junto como sujeitos sociais, as mulheres muitas vezes se convertem em sujeitos políticos.

O interregno do período 1980-1990 ajudou na elaboração de um feminismo que abrange a maioria das mulheres, com as críticas necessárias do feminismo negro, do transfeminismo, do feminismo lésbico, do feminismo decolonial, para ser o feminismo das 99%. Essa erupção significou um salto em organização e conquistas ao longo dos últimos anos e as condições que geraram esse salto se retroalimentaram

- com os governos estimulando cada vez mais a flexibilização do trabalho, como vemos em aplicativos e terceirizações;
- com os recursos públicos sendo limitados, objetivando pagar os banqueiros pelas famigeradas dívidas públicas, enquanto a educação e a saúde são precarizadas;
- com os alimentos e a energia sofrendo aumentos sucessivos e impactando negativamente a renda das pessoas.

Enquanto isso, progride a devastação ambiental, o aquecimento global é incrementado e vemos que se encontra em risco o futuro da humanidade.

Os efeitos da pandemia, que vitimou milhões de pessoas mundo afora (e estimadas 700 mil no Brasil), recaíram de modo mais brutal sobre as mulheres: pelo *home office*, muitas saíram dos empregos por não ter onde deixar os filhos, o que aumentou a precarização, sem contar os impactos para as profissionais da saúde. Portanto, as condições objetivas para a continuidade das lutas das mulheres estão postas. A latência também. Vamos juntas e juntos seguir?

"Antes de Trump, o bloco hegemônico que dominava a política norte-americana era o neoliberalismo progressista. Isso pode soar como um oxímoro, mas era uma aliança real e poderosa de dois companheiros de cama improváveis: por um lado, as correntes liberais *mainstream* dos novos movimentos sociais (feminismo, antirracismo, multiculturalismo, ambientalismo e direitos da comunidade LGBT+) e, por outro lado, os setores 'simbólicos' e financeiros mais dinâmicos da economia dos EUA (Wall Street, Silicon Valley e Hollywood). O que manteve esse estranho casal junto foi uma combinação distinta de pontos de vista sobre a distribuição [quem merece renda] e o reconhecimento [quem merece direitos]." (Nancy Fraser, *O velho está morrendo...*)

6
Afinal, que feminismo defendemos?

Se a quarta onda continua existindo ou, no mínimo, sua latência, caberá à história responder. Prosseguiremos atuando com essa hipótese. Ainda mais depois de assistirmos à luta heroica das mulheres iranianas, que, em 2022, mobilizaram-se contra a obrigatoriedade de usar o véu após o episódio do dia 16 de setembro, quando a Polícia da Moralidade do Irã prendeu e matou Mahsa Amini, jovem iraniana de origem curda.

Mobilizações enormes se levantaram questionando a teocracia e exigindo liberdade para as mulheres. Só com muita repressão o regime conseguiu conter o movimento e, mesmo assim, precisou acabar com a chamada Polícia da Moralidade (ou dos Costumes), um destacamento especializado em vigiar os comportamentos, as vestimentas e a conduta dos habitantes do país, sobretudo das mulheres. A revolta contra a obrigatoriedade dos véus, pautada pelas iranianas e apoiadas amplamente pelas mulheres de outros países, não teria alcançado tamanha envergadura sem a luta internacional das mulheres na última década.

A Seleção Feminina de Futebol do Brasil chegou à Austrália para o Campeonato da Fifa de 2023 e desembarcou do avião com frases de apoio às iranianas. "Nenhuma mulher deve ser morta por não cobrir sua cabeça", "Nenhuma mulher deve ser forçada a cobrir sua cabeça" e "Nenhum homem deve ser enforcado por dizer isso" apareceram no Boeing 787 da Seleção, cuja cauda também apresentava, de um lado, a imagem da ativista Mahsa Amini, morta pela polícia, e, do outro, a de Amir Nasr-Azadani, jogador de futebol que apoiou as mulheres iranianas e chegou a receber pena de morte por isso, mas se livrou e foi condenado a 26 anos de prisão.

Não se transita pelo caminho sem enfrentar obstáculos. O primeiro deles é a existência de uma extrema-direita cujo foco central é a reação às nossas conquistas. São a expressão política dos que não aceitam os avanços das mulheres. Na verdade, tentam revogar as conquistas da segunda, da terceira e da quarta onda com políticas machistas e misóginas. Foram incontáveis as tentativas de retrocesso que encontraram resistência das mulheres nas ruas, como vimos. Mas, mesmo com a derrota eleitoral de seus principais expoentes na atualidade, Trump e Bolsonaro, os germes desse pensamento permanecem no tecido social do Brasil e de várias partes do mundo. Sua ideologia unifica os machistas, infensos à perda dos privilégios, assim como os racistas, os LGBTQIA+fóbicos e os fascistas, que acenam com programas de "austeridade", de conservadorismo e de fechamento das liberdades democráticas. Além disso, querem disciplinar nossos corpos e pretendem retomar e fortalecer a divisão sexual do trabalho, relegando as mulheres à perspectiva da família tradicional, única aceita pelos reacionários. O ataque frontal da extrema-direita ao movimento feminista mostra também a certeza e o medo que eles têm da força imparável do movimento. Para impor seu modelo, é necessário derrotar estrategicamente a luta das mulheres.

Também por isso, coube ao movimento de mulheres ser parte estrutural das "contramolas que resistiram" – referência a um verso da canção *Primavera nos dentes*, do grupo Secos e Molhados, autoria atribuída ao jornalista antifascista português João Apolinário e seu filho, o poeta e músico João Ricardo. Assim, no acúmulo de ondas anteriores, elas se reinventaram em 2017 nos EUA contra Trump, em 2018 no #EleNão! contra Bolsonaro no Brasil, na resistência das mulheres na Polônia, na força do movimento de reivindicações na Espanha.

Sobre as espanholas, relatou o jornalista Alessandro Soler em artigo do jornal *O Globo* (28/12 2019), sob o título "Espanha colhe os frutos de uma revolução feminista iniciada há 15 anos". "Primeiro, elas exigiram que não as matassem ou agredissem por serem mulheres. Organizaram-se, protestaram e ganharam, há exatos 15 anos, uma pioneira lei contra a violência de gênero, até hoje elogiada". Mas a luta – ou, melhor dizendo, as lutas – não cessaram. Novas reivindicações entraram em cena, como pela igualdade de salários, pelo pleno direito de decidir sobre levar adiante ou interromper a gravidez, assim como pela igualdade no poder de decisão nas empresas.

O enfrentamento aos neofascistas é parte da luta da nossa geração, e as mulheres estiveram e estão na linha de frente dessa batalha.

Enquanto o núcleo ideológico da extrema-direita mundial é machista, racista, LGBTfóbico e reacionário, nem todos os eleitores da extrema-direita o são. O espaço político que abarca um setor do movimento de massas e levou milhões de pessoas a apoiar eleitoralmente a extrema-direita nasce das medidas de austeridade e da falência dos regimes e dos modelos de democracia liberal: o empobrecimento da classe média; os trabalhadores precarizados, sofrendo com baixos salários; o desemprego; o endividamento das famílias; o encarecimento do custo de vida; e a desilusão com o sistema político.

Por isso é tão importante o debate sobre o neoliberalismo progressista que Nancy Fraser faz em *O velho está morrendo e o novo não pode nascer*. Neoliberalismo progressista é o nome que ela dá ao bloco hegemônico anterior a Trump, formado pela coalizão entre o feminismo liberal, parte do movimento

LGBTQIA+, setores do movimento negro e da pauta ambiental com Wall Street, o Vale do Silício e a indústria do entretenimento de Hollywood.

Sem secundarizar os aspectos da extrema-direita reacionária e mostrando como a crise de hegemonia desse bloco ajudou a deixar espaço social capturado por Trump e pela extrema-direita, Fraser aponta que a saída para uma parcela das elites internacionais em disputa nos movimentos, inclusive o feminista, é permitir as liberdades democráticas, mantendo a mesma ordem econômica. Aí entra em uso uma lógica meritocrática e liberal de reconhecimento de direitos e demandas, sem que se faça a distribuição das riquezas, ou seja, sem alterar a estrutura. Assim, diz ela:

> "No núcleo desse *ethos*, havia ideias de 'diversidade', 'empoderamento das mulheres' e direitos LGBTQIA+, pós-racismo, multiculturalismo e ambientalismo. Essas ideias foram interpretadas de forma específica e limitada, que era totalmente compatível com a 'Goldman Sachsificação' da economia dos EUA. Proteger o meio ambiente significava comércio de carbono. Promover a propriedade da casa significava que os empréstimos *subprime* fossem agrupados como títulos garantidos por hipotecas. A igualdade significava meritocracia." (Fraser, *O velho está morrendo e o novo não pode nascer*)

Na prática, manter a mesma ordem vigente, tratando de "diversificá-la", significa defender mais mulheres nos postos de comando para explorar mulheres e homens, mais representação feminina no Parlamento, desde que vinculada à vontade de acumulação do capital, ter mais propaganda e produtos na imensa coleção de mercadorias que incluíam mulheres para vender mais. Ou seja: aceitar mais mulheres, liberdade de orientação sexual e combate ao racismo desde que as mudanças sejam apenas cosméticas ou com incorporação feminina subordinada, sem a transformação estrutural de um sistema que nos condenou e nos relegou a condições de superexploradas para manter suas taxas de lucro.

Para ter essa hegemonia durante quase duas décadas, o neoliberalismo progressista precisou derrotar o pacto anterior, do New Deal estadunidense e do neoliberalismo reacionário, expresso majoritariamente pelo Partido Republicano. Ela explica:

> "Este segundo bloco ofereceu um nexo diferente de distribuição e reconhecimento. (...) Combinou uma política de distribuição neoliberal com uma política de reconhecimento diferente. Ao mesmo tempo que reivindicava o fomento de pequenas empresas

e manufaturas, o verdadeiro projeto econômico do neoliberalismo reacionário centrava em fortalecimento das finanças, produção militar e energia extrativa, tudo para o benefício do 1% global. O que deveria tornar isso palatável para a base, que procurava reunir uma visão de exclusão de uma ordem de *status* justa: étnico-nacional, anti-imigrante e pró-cristã, se não abertamente racista, patriarcal e homofóbica". (Fraser, *O velho está morrendo...*)

A autora faz um apanhado da política estadunidense nas últimas duas décadas e mostra como a crise multifacetada do capitalismo gerou decepção com o neoliberalismo progressista e frustração pela dificuldade de ter uma alternativa antissistema para os "de baixo" (apontando o papel importante que Bernie Sanders teve nas prévias presidenciais dos Democratas). Este vazio político foi capturado pelo trumpismo, que não é demérito apenas dos EUA. Fenômeno parecido ocorreu na Inglaterra no Brexit – o processo de saída do Reino Unido da União Europeia, iniciado em 2017 –, e no Brasil, em 2018, com Bolsonaro. Aliás, Luciana Genro, no artigo "O novo sempre vem", dialoga com o livro de Nancy Fraser, aplicando suas categorias ao processo político que gerou Bolsonaro no Brasil, seja o neoliberalismo progressista de Fernando

Henrique Cardoso, sejam as esperanças depositadas em Lula, assim como ocorreu com Barak Obama nos EUA. O que parece importante nesse debate é sua atualidade.

Para Luciana Genro,

> "Uma conclusão se ilumina com o texto de Fraser, guardadas as diferenças entre o Brasil e os Estados Unidos: a necessidade de buscar a construção de um novo bloco contra-hegemônico, que una todos os que resistem aos ataques de Bolsonaro. Este bloco deve lutar para conquistar também setores populares que votaram nele em 2018 – não por ele ser racista, misógino e homofóbico, mas apesar de ele ser assim – e que estavam em busca de uma representação para suas esperanças de pertencimento e inclusão dizimadas pela crise econômica que se arrasta desde 2008 e que ganhou novo impulso com a pandemia." (Luciana Genro, "O novo sempre vem")

É verdade que a derrota eleitoral da extrema-direita nos EUA e no Brasil constitui uma grande vitória democrática, com repercussão mundial, mas as condições que alavancaram projetos reacionários permanecem atuais. Por isso, o feminismo, que foi o motor da resistência do último período, tem papel fundamental a desempenhar na construção desse bloco contra-hegemônico, tanto pela força vital quanto pela enorme potência da luta das mulheres.

O exemplo das mulheres, que arrastou e empolgou na resistência, pode e deve atuar também na construção programática. Nosso feminismo tem que ser interseccional, das trabalhadoras, das mulheres negras, das indígenas, das bissexuais, das transexuais, das mulheres com deficiências, das jovens, das idosas, das mulheres do Sul e do Norte global, organizadas de forma a enfrentar o machismo e o patriarcado nas suas estruturas de poder, de dominação e de exploração.

De modo que assim seja, o feminismo para os 99%, cunhado por Arruzza, Bhattacharya & Fraser, nos parece uma totalidade em seus onze postulados, indo à raiz dos problemas, apresentando uma perspectiva internacionalista, anticolonial, anticapitalista e ecossocialista – um chamado para a unidade do movimento das mulheres e um sentido geral para a luta pelo futuro.

Mais do que reagir às ofensivas neoliberais de retiradas de direitos ou a sua expressão política mais dura e cruel, que é o neoliberalismo reacionário, o feminismo precisa dar um salto. Este consiste em se propor como sujeito político capaz de encabeçar um projeto de poder emancipador. Nosso movimento, um dos únicos que não foram derrotados no último período, pode e deve ser determinante para a construção de uma nova sociedade.

Se as mulheres sentem mais as opressões e explorações de um modelo que tem condenado o futuro da humanidade, também pode nascer de nós um novo caminho. Sem modelos acabados, mas com a convicção de que é a luta que muda a vida e de que a saída é coletiva. Lutem como uma mulher!

Palavras finais

Enquanto escrevo estas linhas, me lembro do texto da socióloga Rosana Pinheiro-Machado: "A Extrema-direita venceu. Feministas, antirracistas e LGBTs também". Ela o escreveu após a eleição de 2018, tempos duros, mas que tiveram na primavera feminista seu contrapeso. Lembrei dela porque o enfrentamento às vozes do submundo do sistema político não pode nos tirar o marco. A reação conservadora também catapultou sua contraface. Resistimos quatro anos como pudemos. Em cada violência verbal, simbólica e às vezes física, buscamos nos fortalecer no coletivo. Joanna Burigo afirma: "patriarcado é um sistema, misoginia é uma indicação de sua existência e machismo, seus atos" (2022, p. 21). E foram muitos anos de machismo ao longo do governo Bolsonaro. A extrema-direita não esconde seu ódio às mulheres.

Aliás, tivemos perdas insuperáveis, como o assassinato de Marielle. Só nos resta ter coragem para seguir seu legado e apoiar as sementes que de seu exemplo brotaram: o ativismo das mulheres negras brasileiras.

Já escrevo em outra condição, com a derrota eleitoral de Bolsonaro e diante de outro governo Lula. Mas a cada microfone desligado, ameaça velada ou explícita, cantada ridícula e machista, uma intervenção desqualificada, uma marca foi ficando. Nunca escrevi sobre isso. Sempre achei que o melhor que eu poderia fazer nesses anos passados era demonstrar coragem frente a tempos difíceis. Assim o fiz e, na convicção das resistências em momentos históricos mais malvividos por outras e outros antes de nós, sigo firme nos meus propósitos.

Hoje, já no meio de 2023, enfrento um processo de cassação no Conselho de Ética da Câmara dos Deputados. O PL (Partido Liberal), atual agremiação de Bolsonaro, não escondeu sua misoginia e representou contra seis deputadas, todas mulheres, que enfrentaram o projeto de lei inconstitucional do chamado "marco temporal", Projeto de Lei 490/2007, o maior ataque aos povos originários desde a vigência da Constituição de 1988.

Enquanto escrevo, mulheres feministas vêm articulando diversas ações em apoio e em defesa dos nossos mandatos, como a campanha #ElasFicam, atos dos mandatos junto com o (Movimento dos Trabalhadores Rurais Sem Terra) são realizados nos estados, moções de solidariedade são enviadas em apoio às mulheres ameaçadas. Depois de receber solidariedade na vigorosa Marcha das Margaridas, que na sétima edição reuniu mais de 150 mil mulheres em Brasília nos dias 14 e 16 de agosto, vem à minha cabeça um filme das violências sofridas no último período, e, na mais explícita de agora, a clareza de como os espaços de poder reproduzem o "machismo nosso de cada dia". Ocorre ainda um pensamento: se deputados não têm vergonha de atacar as mulheres dessa maneira na esfera pública, imagine na esfera privada!

Mesmo com o enorme avanço que foi a Lei Maria da Penha, a violência doméstica vem crescendo. A pandemia, por restringir a circulação devido ao perigo de contaminação pelo vírus, deixou muitas mulheres à mercê de seus agressores dentro de casa. Um dos impactos da pandemia, combinado com o armamentismo e embalado pelo discurso de ódio, foi o aumento dos feminicídios no Brasil. Ou seja, o assassinato de mulheres por serem mulheres. Segundo o Monitor da Violência, em 2022, tivemos um lamentável recorde: a cada seis horas, uma de nós foi morta neste ano. E, segundo o CFMEA (Centro

Feminista de Estudos e Assessoria), fundado em Brasília em 1989, 62% dos feminicídios são perpetrados contra mulheres negras.

Em 2022, de acordo com o Fórum Brasileiro de Segurança Pública, a cada 10 minutos tivemos um estupro, a maioria deles envolvendo meninas e adolescentes, com inaceitáveis 74.930 casos registrados. Esse crime é tido como um dos mais subnotificados, calculando-se que os casos devem se aproximar de cerca de 800 mil. E por que tão grande subnotificação? Pela lógica de culpabilizar a vítima, tão presente na sociedade machista em que vivemos. O debate gira em torno da roupa que a menina usava, se havia bebido, se viajava sozinha, e não da responsabilização do agressor. Então, muitas vítimas sofrem em silêncio. Além disso, muitas são crianças violentadas dentro de sua esfera familiar, o que também dificulta a denúncia. Uma jovem não pode ir a um trote universitário sem correr riscos, como vimos, horrorizadas, no caso da estudante de jornalismo Janaína da Silva Bezerra, estuprada e morta durante a calourada da Universidade Federal do Piauí (UFPI) em fevereiro de 2023.

E, mesmo quando a mulher é vítima, muitas vezes pode ser revitimizada. É quando recorrem ao aborto legal, como aconteceu com uma menina capixaba, que teve de sair do Espírito Santo em agosto de 2020 para ser socorrida no Recife, porque o hospital de Vitória se negou a fazer o procedimento, mesmo autorizado pelo juiz local. Outro caso foi o de uma catarinense, estuprada no início de 2020 e atacada pelo Judiciário de Santa Catarina, representado por uma juíza, que não permitiu a realização do aborto da menor. As duas meninas tinham 10 anos na época.

Ainda em 2023, aprovamos na Câmara dos Deputados no qual foi apensado meu projeto, com Sâmia Bomfim (PSOL-SP), do Protocolo Não se Cale, o Projeto de Lei Não é Não (PL nº 3/23), de autoria da deputada Maria do Rosário, que, conforme definido no portal da Câmara dos Deputados, "cria um protocolo para atender mulheres vítimas de violência sexual ou assédio em discotecas, bares, restaurantes e outros espaços de lazer". O texto foi aprovado na Câmara dos Deputados. As propostas foram inspiradas no protocolo espanhol, que foi determinante para a prisão do futebolista brasileiro Daniel Alves, em 2023, acusado de estupro por uma jovem numa casa de festas de Barcelona em dezembro de 2022. A prisão só ocorreu devido a um protocolo em vigor na cidade (conquista da luta das mulheres de lá), que institui várias medidas a serem adotadas por danceterias e outras casas noturnas em caso de qualquer suspeita de assédio sexual. No Brasil, a lei aprovada prevê que os estabelecimentos disponham de pessoal treinado para atendimento dos casos e preservação de provas e, ainda, que sejam disponibilizados recursos para que a denunciante possa acionar a polícia ou regressar ao lar de forma segura.

Mesmo com décadas de luta por igualdade salarial, as mulheres receberam em média 22% a menos que os homens para a mesma função, enquanto às negras coube até 50% a menos, evidenciando a dupla opressão/exploração. Sem contar o tipo de emprego. As mulheres estão nas categorias "dos cuidados", que pagam menos, nos empregos terceirizados e nos rotativos. Aliás, na 12ª economia do mundo, 33 milhões de habitantes não têm o que comer, e a maioria dos lares da fome é chefiada por mulheres. Também houve aumento de 33% de mortes violentas na comunidade LGBTQIA+ em 2022, informa a Associação Nacional de Travestis e Transexuais (Antra). Somos o país que mais mata pessoas trans por serem trans. E são sistemáticos os ataques criminosos da extrema-direita a esta população.

Durante o último governo, assistimos a crimes contra a humanidade e contra povos originários – caso dos ianomâmi, por exemplo, com crianças e mulheres morrendo de desnutrição e fome, assim como pela contaminação do mercúrio levado pelo garimpo ilegal às terras indígenas. O governo Bolsonaro havia sido avisado 21 vezes sobre tal situação. Por omissão, negligência e conivência com o garimpo ilegal, nada fez. Vale lembrar que crimes contra a humanidade são imprescritíveis e inafiançáveis. Sobre resistências, registro a inédita Marcha das Mulheres Indígenas em 2019 (primeiro ano de governo Bolsonaro). Em 2023, foi realizada de 11 a 13 de setembro em Brasília, a terceira edição desta importante caminhada de mulheres indígenas. Em sua convocação, as lideranças declararam: "Exigimos acesso a cuidados de saúde de qualidade, educação e oportunidades econômicas. Lutamos pela proteção da terra e recursos naturais, que vêm sendo explorados por muito tempo. Defendemos o fim da violência contra as mulheres indígenas, um problema generalizado, que tem atormentado nossas comunidades há gerações".

E temos ainda a subrepresentatividade: num país com 51% de mulheres, menos de 18% são deputadas e senadoras em nível federal. Um estudo da União Interparlamentar apontou que o Brasil ocupa a 142ª posição em participação de mulheres nos parlamentos (de 192 países analisados). Na América Latina, estamos na lanterninha, atrás, apenas o Haiti. Além disso, como sempre digo, não basta ser mulher. É preciso estar comprometida com a luta feminista. Mulheres que reproduzem o machismo e a misoginia não nos representam!

Por estas e tantas outras violências, nossa luta se renova diariamente. Sabemos do caráter machista e das ações de violência de gênero impostas às mulheres em luta no Parlamento e fora dele, pessoas que sonham com outro futuro possível. Não nos calarão! Nem um passo atrás e nenhuma a menos. Não temos tempo a perder! Seguimos lutando para que o passado e as trevas não se repitam, mas não com um retrovisor olhando para um ontem idílico que nunca existiu.

As liberdades democráticas conquistadas pós-ditadura militar e arduamente defendidas contra o governo Bolsonaro são importantes, mas insuficientes para construir um futuro de igualdade, plenitude, solidariedade e de preservação das vidas. Este futuro só pode vir da ação organizada das mulheres e do povo trabalhador. Quando disserem a você que não vale a pena lutar, lembre-se de que nossos passos vêm de longe e que muita gente lutou antes de nós para que chegássemos até aqui. Mais do que recordar as personalidades e os momentos importantes do passado que construíram nosso presente, espero que este livro seja para ti um convite à ação!

Como diria Che Guevara, se o presente é de luta, o futuro nos pertence!

Saber mais

LIVROS E ARTIGOS

ALVES, Branca Moreira & PITANGUY, Jacqueline. *Feminismo no Brasil: Memórias de quem fez acontecer*. Rio de Janeiro: Bazar do Tempo, 2022.

_____. *O que é feminismo*. São Paulo: Brasiliense, 1985.

ARRUZA, Cinzia. *Ligações perigosas: Casamentos e divórcios entre o marxismo e o feminismo*. São Paulo: Usina, 2019.

ARRUZZA, Cinzia; BHATTACHARYA, Tithi & FRASER, Nancy. *Feminismo para os 99%: Um manifesto*. São Paulo: Boitempo, 2019.

BARRANCOS, Dora. *História do feminismo na América Latina*. Rio de Janeiro: Bazar do Tempo, 2022.

BAUER, Carlos. *Breve história da mulher no mundo ocidental*. São Paulo: Xamã, 2001.

BERNARDO, João. "Estudantes e trabalhadores no Maio de 68". *Lutas Sociais*, 19-20, jul-dez 2007; jan-jun 2008. Dossiê América Latina: Nova fase de múltiplos embates. p. 22-31. Disponível em: https://www4.pucsp.br/neils/downloads/pdf_19_20/2.pdf

BURIGO, Joanna. *Patriarcado, gênero e feminismo*. Porto Alegre: Editora Zouk, 2022.

_____. *Cartilha Laudelina de Campos Melo*. Produzida pela ONG Emancipa Mulher, Porto Alegre, 2020. Disponível em:<https://emancipamulher.com.br/cartilhas/cartilha-laudelina-de-campos-melo/>

CARDOSO, Elizabeth; "Imprensa feminista brasileira pós 1974". Revista *Estudos Feministas*, Florianópolis, 12(N.E.): 264, set-dez 2004, p. 37-55. Disponível em: https://periodicos.ufsc.br/index.php/ref/issue/view/341

CARNEIRO, Sueli. "Enegrecer o feminismo: A situação da mulher negra na América Latina a partir de uma perspectiva de gênero". Acessível em: https://edisciplinas.usp.br/pluginfile.php/375003/mod_resource/content/0/Carneiro_Feminismo%20negro.pdf

COLLINS, Patricia Hill. *Pensamento feminista negro: Conhecimento, consciência e a política do empoderamento*. São Paulo: Boitempo, 2019.

COLLINS, Patricia Hill & BILGE, Sirma. *Interseccionalidade*. São Paulo: Boitempo, 2021.

CRENSHAW, Kimberlé. Documento para o Encontro de Especialistas em Aspectos da Discriminação Racial Relativos ao Gênero. Revista *Estudos Feministas*, ano 10, 1º semestre 2002, jan 2002, p. 177-186. Acessível em: www.scielo.br/j/ref/a/mbTpP4SFXPnJZ397j8fSBQQ/?format=pdf&lang=pt.

DAVIS, Angela. *Mulheres, raça e classe*. São Paulo: Boitempo, 2016.

DELAP, Lucy. *Feminismos: Uma história global*. São Paulo: Companhia das Letras, 2022.

ENGELS, Friedrich. *A origem da família, da propriedade e do Estado*. São Paulo: Boitempo, 2019.

FEDERICI, Silvia. *O calibã e a bruxa: Mulheres, corpo e acumulação primitiva*. São Paulo: Elefante, 2017.

_____. *O ponto zero da revolução: Trabalho doméstico, reprodução e luta feminista*. São Paulo: Elefante, 2019.

FRACCARO, Glaucia. *Os direitos das mulheres: Feminismo e trabalho no Brasil (1917-1937)*. Rio de Janeiro: FGV Editora, 2018. Obra vencedora do prêmio Mundos do Trabalho em Perspectiva Multidisciplinar 2017, promovido pela Associação Brasileira de Estudos do Trabalho (Abet).

FRASER, Nancy. "Do neoliberalismo progressista a Trump – e além". Revista *Movimento*, 12 fev 2018, 15:29. Disponívelem:<https://movimentorevista.com.br/2018/02/do-neoliberalismo-progressista-a-trump-e-alem-nancy-fraser/> Acesso em: 9 jul 2023.

_____. *O velho está morrendo e o novo não pode nascer*. São Paulo: Autonomia Literária, 2020.

GARCIA, Carla Cristina. *Breve história do feminismo*. São Paulo: Claridade, 2011.

GENRO, Luciana. "O novo sempre vem". Revista *Movimento*, 12 jan 2021, 13:22. Disponível em: <https://lucianagenro.com.br/2021/01/o-novo-sempre-vem/>.

GONZÁLEZ, Ana Isabel Álvarez. *As origens e a comemoração do dia internacional das mulheres*. São Paulo: Expressão Popular, 2010.

HIRATA, Helena et al. *Dicionário crítico do feminismo*. São Paulo: Editora da Unesp, 2009.

HOLLANDA, Heloisa Buarque de. *Explosão feminista: Arte, cultura, política e universidade*. São Paulo: Companhia das Letras, 2018.

_____. *Pensamento feminista: Conceitos fundamentais*. Rio de Janeiro: Bazar do Tempo, 2019.

HOOKS, Bell. *O feminismo é para todo mundo: Políticas arrebatadoras*. Rio de Janeiro: Rosa dos Tempos, 2018

KELLY, Linda. *Las mujeres de la Revolución Francesa*. Buenos Aires: Javier Vergara Editor, 1989.

LERNER, Gerda. *A criação do patriarcado: História da opressão das mulheres pelos homens*. São Paulo: Cultrix, 2019.

_____. *A criação da consciência feminista: A luta de 1.200 anos das mulheres para libertar suas mentes do pensamento patriarcal*. São Paulo: Cultrix, 2022.

MARCELINO, Giovanna. "As sufragistas e a primeira onda do feminismo". Revista *Movimento*, 9 fev 2018, 15:39. Disponível em: <https://movimentorevista.com.br/2018/02/sufragistas-primeira-onda-feminismo/>

PINHEIRO-MACHADO, Rosana. "A extrema-direita venceu. Feministas, antirracistas e LGBTs também". Disponível em <https://www.intercept.com.br/2019/01/08/extrema-direita-feministas-antirracistas-lgbts/>.

_____. *Amanhã vai ser maior: O que aconteceu com o Brasil e possíveis rotas de fuga para a crise atual*. São Paulo: Planeta, 2019.

SAFFIOTI, Heleieth I.B. *A mulher na sociedade de classes: Mitos e realidade*. Petrópolis: Vozes, 1976 / 2ª ed., São Paulo: Expressão Popular, 2013.

SCHNEIDER, Graziela (org.). *A revolução das mulheres: Emancipação feminina na Rússia soviética*. São Paulo: Boitempo, 2017.

VIEIRA, Helena. "Afinal, o que é teoria *queer*? O que fala Judith Butler? Diálogos do Sul. Ópera Mundi. UOL. Disponível em: <https://dialogosdosul.operamundi.uol.com.br/cultura/51728/afinal-o-que-e-a-teoria-queer-o-que-fala-judith-butler> Acesso em: 30 jul 2023.

WOLLSTONECRAFT, Mary. *Reivindicações dos direitos da mulher*. São Paulo: Boitempo, 2016.

ZANELLA, Carla; BURIGO, Joanna & GENRO, Luciana. *Feminismos cruzados*. Curso da ONG Emancipa Mulher, Porto Alegre, 2019-2020. Disponível em: <https://emancipamulher.com.br/cursos/curso-feminismos-cruzados/> Acesso em: 30 jul 2023.

ZETKIN, *Clara. Mujeres en revolución*. Colección Socialismo y Libertad, libro 25. Disponível em: <http://espai-marx. net/elsarbres/wp-content/uploads/2020/03/Zetkin-Clara-Mujeres-En-Revolucion.pdf

ZIRBEL, Ilze. *Ondas do feminismo*. Blogs de Ciência da Universidade Estadual de Campinas (Unicamp), Mulheres na Filosofia, v. 7, n 2, 2021, p.10-31. Disponível em: <https://www.blogs.unicamp.br/mulheresnafilosofia/wp-content/uploads/sites/178/2021/03/Ondas-do-Feminismo.pdf> Acesso em: 30 jun 2023.

FILMES

Libertárias
1996, Espanha, direção: Vicente Aranda

Em 1936, quando o exército espanhol, liderado pelo general Francisco Franco, se rebela, o governo da República é defendido por um grupo de progressistas que faz aliança com anarquistas e comunistas. É a Guerra Civil Espanhola (1936-1939). Nesse contexto, uma freira foge do convento e se associa ao grupo Mujeres Libres, começando sua militância contra as tropas nacionalistas e monarquistas, junto com mulheres das mais diversas origens e classes sociais.

Tudo sobre minha mãe
1999, Espanha, direção: Pedro Almodóvar

O filme conta a história de uma mãe solteira que vê seu único filho morrer atropelado no dia em que completava 17 anos. Depois da tragédia, ela vai em busca do pai, uma travesti que vive em Barcelona e não sabe que tinha um filho. O roteiro lida com temas difíceis, como Aids, identidade de gênero, religião, fé e existencialismo.

Frida
2002, EUA, direção: Julie Taymor

Baseado em biografia da mexicana Frida Kahlo, o filme conta a história da pintora. A artista viveu entre a dor resultante das sequelas de um violento acidente de trânsito, extravagâncias sociais e turbulências amorosas com o pintor e muralista Diego Rivera, com quem se casou duas vezes, e uma relação de encantamento com Leon Trótski. Produzindo obras em que é sempre a personagem retratada, ela se tornou uma das maiores sensações internacionais entre os amantes da arte moderna e os ativistas políticos radicais.

O sorriso de Monalisa
2003, EUA, direção: Mike Newell

Katherine, professora de história da arte, começa a lecionar em uma escola tradicional só para mulheres na década de 1950, onde as alunas aprendem a ser esposas e mães exemplares. Intrigada com o comportamento submisso das garotas, ela tenta abrir a mente das jovens e incentivá-las a ser mais livres. Na verdade, seu desafio é como fazê-las pensar e desenvolver um mínimo de senso crítico.

Persépolis
2007, França, direção: Marjane Satrapi e Vincent Paronnaud

Filme de animação, conta a história de Marjane, uma menina iraniana de 10 anos que acompanha a queda do Xá Reza Pahlevi, governante do país de 1941 a 1979, e vê nascer em seu país a nova República Islâmica. Obrigada a usar véu, ela se revolta contra os padrões impostos, principalmente às mulheres, e se torna uma revolucionária. O drama termina com ela expatriada aos 22 anos. Trata-se de um relato autobiográfico da diretora Marjane Satrapi.

Cairo 678
2010, Egito, direção: Mohamed Diab

O filme conta três histórias que se cruzam. São três mulheres egípcias de diferentes posições sociais e econômicas que sofrem assédio publicamente e denunciam o problema. O título original é *678*, número do ônibus em que a primeira delas, modesta funcionária pública, foi agredida a caminho do trabalho. A segunda é uma *designer* de joias e a terceira, empregada em um *call center*, sendo assediada por telefone e na rua. Esta, impedida de levar adiante a denúncia pela polícia, apresenta sua queixa na TV.

Histórias cruzadas
2011, EUA, direção: Tate Taylor

O filme se passa em Jackson, Mississipi, nos anos 1960. Uma jovem branca, determinada a ser escritora (contra a expectativa de seus pais), começa a ouvir as histórias de um grupo de negras que deixa suas famílias em casa para cuidar dos filhos das mulheres brancas da alta sociedade. Com um elenco extraordinário, liderado por Viola Davis, a história fala de solidariedade entre as mulheres negras e do revoltante racismo que as oprime.

Libertem Angela Davis
2012, EUA, direção: Shola Lynch

O documentário conta a história de Angela Davis, uma professora de filosofia que, ao defender três prisioneiros negros nos anos 1970, é acusada de organizar uma tentativa de fuga e sequestro, que culminou na morte de um juiz. Perseguida pelo FBI, fugiu, foi presa, julgada inocente e, aproveitando a visibilidade obtida, aprofundou seu ativismo, tornando-se um dos maiores símbolos da luta antirracista, feminista e pelos direitos humanos.

No (Não)
2012, Chile, França, EUA, direção: Pablo Larrain

Chile, 1988. Sob pressão internacional, que condena seu regime de governo, o ditador chileno, general Augusto Pinochet, arrisca chamar um plebiscito, consultando a população sobre sua continuidade no poder por mais uma década. Os oposicionistas contratam um especialista em comunicação para coordenar a campanha. Apesar de ter poucos recursos e de estar sob constante vigilância, o marqueteiro cria argumentos consistentes na campanha, os chilenos votam "Não" a Pinochet e o país consegue se ver livre da opressão.

She's Beautiful when She's Angry
2014, EUA, direção: Mary Dore

Nos EUA dos anos 1960, um grupo de mulheres começa a perceber que a opressão que recai sobre elas não decorre de ações individuais, mas, sim, do sistema social preconceituoso. Assim, descobrem que suas vozes tinham diferenças de cor, classe e orientação sexual. Em tradução livre para o português, o título original é "Ela é bonita quando está furiosa". O documentário conta a história das mulheres que formaram a segunda onda feminista no país.

Que horas ela volta?
2015, Brasil, direção: Anna Muylaert

Val é uma mulher nordestina que conseguiu emprego em São Paulo como empregada doméstica na casa de uma família de classe média alta. A situação é ideal para tecer uma crítica nem tão sutil às desigualdades sociais vigentes no país.

As sufragistas
2015, Inglaterra, direção: Sarah Gavron

Londres, início do século XX. Maud, uma trabalhadora sem atuação política nem consciência de ser explorada, começa a se envolver com o movimento sufragista. O filme conta a história da conquista do voto feminino. Uma pedra atirada contra uma janela de vidro transforma em guerra a manifestação de um grupo de mulheres militantes e muda as táticas das ativistas.

Estrelas além do tempo
2016, EUA, direção: Theodore Melfi

Os anos 1960 são marcados pela Guerra Fria, pela corrida espacial entre EUA e União Soviética, e pela segregação racial nos EUA. Dentro da Nasa, três matemáticas negras são obrigadas a trabalhar separadas dos funcionários brancos, ficando escondidas, fora da vista. Enquanto enfrentam o preconceito racial, elas se tornam cruciais para o avanço dos projetos científicos da Nasa.

Eu não sou um homem fácil
2018, França, direção: Éléonore Pourriat

Um machista clássico acorda em um mundo onde homens e mulheres têm os papéis sociais invertidos. A partir daí, ele entra em conflito com as mulheres a sua volta, até compreender os problemas de uma sociedade patriarcal.

Harriet: O caminho para a liberdade
2019, EUA, direção: Kasi Lemmons

Harriet Tubman consegue escapar da escravidão em 1849. Ativista política, ela ajuda centenas de negros e negras a fugir do Sul dos Estados Unidos durante a Guerra Civil Americana (1861-1865), que opôs as forças dos confederados escravagistas às da União (Norte). Trata-se do primeiro filme a narrar a vida de uma das mulheres mais famosas da história dos EUA.

Argentina 1985
2022, Argentina, direção: Santiago Mitre

Drama jurídico, aborda a história verídica de dois promotores públicos que se atrevem a investigar e processar os membros das Juntas Militares da ditadura argentina, derrubada em 1983. De abril a dezembro de 1985, são julgados nove dirigentes dessas juntas, com curtas transmissões diárias pela TV, provando à população que um tribunal civil estava julgando o alto comando militar da ditadura por crimes contra a humanidade.

SÉRIES

The Handmade's Tale
2017, EUA, criação: Bruce Miller

Baseada no romance homônimo de Margaret Atwood, traduzido no Brasil como *O conto da Aia*, a série do canal Star+ apresenta um futuro distópico (mas muito próximo da realidade), quando as taxas de fertilidade feminina se tornam ínfimas no mundo. Sob um novo regime autoritário, extremista e religioso, as poucas mulheres férteis são subjugadas para fins reprodutivos.

Maid

2021, EUA, criação: Molly Smith Metzler

Nesta minissérie da Netflix, cujo título em português seria "Empregada doméstica", a jovem Alex consegue se libertar de um relacionamento abusivo e violento. No processo de deixar a casa do ex-namorado, ela se torna faxineira, enfrenta dificuldades para conquistar autonomia financeira e encontrar um novo lar para ela e a filha Maddy.

Sobre a autora

Sou, acima de tudo, militante e ativista. Acredito na mobilização como método de grandes transformações. Comecei a participar das lutas do meu tempo quando o grêmio estudantil passou na minha sala de aula, convidando para uma passeata contra as privatizações dos governos FHC presidente e Antônio Brito, governador no Rio Grande do Sul, em 1997. Quando ingressei na Universidade Federal do Rio Grande do Sul (UFRGS), saí do Alegrete (minha terra natal) e passei a morar em Porto Alegre definitivamente. Participei ativamente do movimento estudantil, integrei o Centro Acadêmico do meu curso e, em 2005, fui coordenadora-geral do Diretório Central dos Estudantes (DCE) da UFRGS. Me formei em 2006 em Biblioteconomia, profissão que me encanta.

Trabalhei em biblioteca escolar, sempre entendendo este espaço como parte essencial do processo de ensino e de aprendizagem. Tenho pós-graduação em História do Brasil Contemporâneo, curso que terminei a duras penas, pois já estava no meu primeiro mandato de vereadora em Porto Alegre. Em 2008, eleição municipal na qual o PSOL (Partido Socialismo e Liberdade) lançou a candidatura da companheira Luciana Genro à prefeitura, elegemos a primeira bancada do partido na Câmara, com Pedro Ruas e eu. Fui reeleita como a mulher mais votada em 2012 e, na eleição de 2016, fui a pessoa mais votada da capital gaúcha, sendo eleita junto com Roberto Robaina e Professor Alex Fraga. Atribuo esta vitória eleitoral à luta coletiva, ao fortalecimento do PSOL e a um mandato comprometido com as lutas populares e demandas sociais. Entre as batalhas defendidas, destaco a permanente causa das mulheres.

Hoje, estou deputada federal no meu segundo mandato. Eleita em 2018, fui líder da bancada do PSOL em 2020. Durante a pandemia de coronavírus, fui autora da emenda que criou duplo auxílio emergencial às mulheres chefes de família, que, durante seis meses, garantiu-lhes renda de R$1.200,00. Fiz oposição ferrenha ao governo Bolsonaro, tendo sido autora do pedido de *impeachment* dele, com mais de 200 artistas, intelectuais e colegas de bancada e mais de 1 milhão de assinaturas do povo. Fui coautora de leis como a Aldir Blanc, de apoio ao setor cultural; e a lei Mariana Ferrer, que pune atos ofensivos a vítimas de violência sexual e testemunhas durante o processo judicial, e estive em todas as passeatas Fora Bolsonaro. Em 2022, fui reeleita com quase 200 mil votos, como a deputada federal mulher mais votada do RS.

Seguimos na luta por um futuro diferente!

Instagram: @fernandapsol

COLEÇÃO
INQUIETAÇÕES CONTEMPORÂNEAS

Idealização da coleção
Helena Maria Alves

Direção editorial
Mirian Paglia Costa

Coordenação editorial
Maria Ângela Silveira de Souza

Direção da coleção
Diego Pautasso

Coordenação da coleção
Caio Riter

Preparação & Revisão
Caio Riter
Pagliacosta Editorial

Projeto gráfico & Execução
Juliana Dischke

Impresso no Brasil
Printed in Brazil

Formato – 12 X 18 cm
Mancha – 7,9 X 14,9 cm
Tipologia – Britannic e Minion
Páginas – 216